Cactus

サボテンの文化誌

ダン・トーレ 著
Dan Torre

大山 晶 訳

花と木の図書館

原書房

［……］は訳者による注記である。

エルンスト・ハイン画「夜の女王」。アントン・ケルナー・フォン・マリラウン『植物の生態 *Pflanzenleben*』（1896年）の挿絵。

序章　愛されて　憎まれて

ここは死んだ国
ここはサボテンの国
——T・S・エリオット[1]

人々は昔からサボテン科の植物に矛盾した見方を示してきた。見慣れているのに異質。美しいけれど危険。多くの場合、人々の反応はじつにわかりやすい。サボテンを愛するか憎むかのどちらかだ。

実際、非常に多様な植物群であるサボテン科はほぼ1500種からなり（数え切れないほどのハイブリッドや栽培品種や変異種もある）、もっぱら南北アメリカ原産である。非常に多様な科であることから、同じサボテン科でもまったく違って見えたり、性質が異なったりするものも多い。サボテンは嫌いだと主張する人々も、魅力的な赤やピンクの花を咲かせるお気に入りのハンギングプランツ［室内などで鉢を壁や窓に吊り下げて楽しむ植物］がじつはサボテンだと知ったらびっくりするだろうし、砂漠のサボテンが花を咲かせる驚くような光景を初めて見たら言葉を失うだろう。

たしかにサボテンのなかには恐ろしげな棘を特徴とするものもある。そして多くは非常に厳しく乾燥した環境にじつによく順応する。ずっと枯れているかのように見えるものもある。そうかと思えば典型的な「サボテン」とは似ても似つかぬものもある。まったく棘のないものもあれば、他の植物のような葉を持つものもあるし、生い茂る熱帯雨林にかこまれて高く成長するきわめて繊細な熱帯植物もある。

巨大なサワロ（学名 *Carnegiea gigantea*）［通称 ベンケイチュウ／弁慶柱］は最大15メートルにまで達し、存在感を際立たせる。メキシコのネオブクスバウミア・テテゾ（学名 *Neobuxbaumia tetezo*）［通称 キッコウチュウ／亀甲柱］は、間を通り抜けられないほどの密林に成長する。アリオカルプス・コトスコウベヤヌス（学名 *Ariocarpus kotschoubeyanus*）［通称 コクボタン／黒牡丹］やコピアポア・エスメラルダナ（学名 *Copiapoa esmeraldana*）などは数十年経っても径が数センチしか大きくならないし、生涯のほとんどを地中ですごすため、ほとんど見かけられることはない。多くのサボテンはすばらしい彫刻作品のような構造をしている。「植物というよりは、むしろ何かを表現したオブジェ」だ。一方、緑の小枝のようになってぶら下がる繊細でかぼそい形状のサボテンもある。

ひとつのサボテンのなかにすら、非常に対照的な特徴が見られる。もっとも美しいと言っても過言ではない花をつけ、表皮は――触れることができればだが――絹のように滑らかなのに、刺さるととても痛い、かえしのついた棘がある。数センチ成長するのに長い年月を要する一方、ほんの数日間で非常に大きな花をつけ、しかもその花はわずか1日か2日でしおれたりする。この誤解されがちな植物には途方もない種類と差異が見られる。そういった多様性があるからこそ、人々がサボ

さまざまなサボテン

テン科に対して抱く認識は揺れ動く。

サボテンはほぼすべてが多肉植物、つまり水分を蓄えることのできる肉厚な部分（茎）を持つ植物だ。しかし多肉植物がすべてサボテンというわけではない。多肉は植物の状態や特徴にすぎず、正式な分類ではないのだ。実際、ほとんどのサボテンは多肉だが、ほとんど、あるいはまったく多肉でない種類もいくつかある。とくにコノハサボテン属（*Pereskia*）はそうだ。

リュウゼツランや、棘のあるオコティーヨ（学名 *Fouquieria splendens*）という低木（モンキーテイル・サボテン、ツルサボテンなどと呼ばれることもある）のように、他にも砂漠の植物はたくさんある。これらはたしかにサボテンに似ていて、乾燥した砂漠で繁茂するが、サボテン科の植物ではない。もうひとつ別のグループに属する非常に多様な植物、ユーフォルビアあるいはトウダイグサ（トウダイグサ科）にも、サボテンそっくりな多肉植物が数多く含まれる。トウダイグサはおもにアフリカ大陸原産だが、世界の反対側で育った植物がこのように似た特性を発展させたのは驚くべきことだ。そして平行進化［異なった種で似通った方向の進化が見られる現象］の好例でもある。とはいえ非常に明らかな差異もいくつかある。たとえば、トウダイグサには刺座《しざ》（アレオーレ）がなく、その棘と花は直接茎から生える。そしてサボテンと異なり、かなり有毒な液を含むものが多い。だがサボテンではないことを示す特徴が多々あっても、またサボテンに親しんでいる人でも、トウダイグサをサボテンと間違えることはよくある。

オーストラリアのクイーンズランド州では、長年にわたりすべてのサボテンが禁制品とされていた。これは移入されたウチワサボテン（オプンティア属 *Opuntia*）が驚くほど急激に増加したこと

BRITTON AND ROSE
PLATE III
1
2
3
M. E. Eaton del.
1. Flowering branch of *Pereskia grandifolia*. 2. Leafy branch of *Pereskiopsis chapistle*.
3. Leafy branch of *Pereskiopsis pititache*. (All natural size.)

『サボテン科 *The Cactaceae*』（1919年）より。3種類のコノハサボテン属が描かれている。どれも正真正銘のサボテンだが、葉があり、ほとんど、またはまったく多肉ではない。

着生サボテン（リプサリス属 *Rhipsalis*）。南米の熱帯雨林原産。

ウィリアム・ウッドヴィル『メディカル・ボタニー *Medical Botany*』（1832年）より。描かれているのはサボテンではなく、トウダイグサ科に属する多肉植物。

栽培種の着生サボテンの花

による。このサボテンは19世紀末から主要な牧草地や農地など、広大な地域に広がった。この「雑草」を駆除するために莫大な資金と労力が費やされると同時に、予防的措置としてこの州ではサボテンの栽培が一切禁じられた。

しかし世界の多くの地域と同様に、サボテンと多肉植物愛好家の小さなグループ（当時はクイーンズランド・多肉植物協会と呼ばれていた）は存続した。会員のなかには内輪で小さな鉢植えのサボテンを取り引きする者もいて、会員たちのサボテンコレクションが当局による強制捜査を受け、没収されたこともある。ところがサボテン科についての正確な知識を持っていなかったため、彼らはサボテンと間違えて多肉のトウダイグサを没収して駆除し、肝心のサボテンの多くは見逃してしまっていた。

こうした誤解が解けたのは１９８０年代になってからである。あまりに厳格な法を改めようと、多肉植物協会の会員たちは問題の解決を目指し、国会議

野生のサボテンの一群

エキノプシス属（*Echinopsis*）の花。『カーティス・ボタニカル・マガジン *Curtis's Botanical Magazine*』より。1838年。

員たちと話しあう機会をもうけることにした。会員たちは人気のシャコバサボテン（スクルンベルゲラ属 *Schlumbergera*）を持参した。議員たちは非常に驚いた。彼らのなかにも、この植物が「違法なサボテン」であることを知らずに自宅で育てている者がいたからだ。[2] 最終的に法は改正され、今日では数種類のサボテン——大部分は侵略的なウチワサボテン——のみが違法とされている。政府でさえ、このいささか定義の難しい植物のアイデンティティを「明確に示す」のには苦労しているようだ。

　結局のところ、他には見られない矛盾した特性を持つうえ、生育域がもともと限られていることから、サボテンは人間との間に絶えず愛憎関係を生じさせてきた。サボテンを在来種とみなす者もいれば、外来種とみなす者もいる。美しいと感じる者もいれば、不快だと感じる者もいる。生き物ではないと考える者もいれば、生気にあふれていると考える者もいる。サボテンほど複雑で、愛され、憎まれる植物はほとんどない。

第1章　サボテンの博物誌

サボテンは砂漠にぴったりの植物だ。焼けるような暑さでも、雨がほとんど、あるいはまったく降らなくても平気だし、繁殖し生き延びるための非常に優れた方法を身に着けてきた。ほとんどの種はほんのわずかな水滴でも速やかに吸収し、効率よく蓄える非凡な能力を備えている。また、多くは灼熱の太陽から巧みに身を守る術を身に着けてきた。陽光を遮ってくれる厚い保護毛や棘の発達もそのひとつだ。丈の低いサボテンのなかには、砂の下に身を隠して直射日光を避けるものすらある。ほとんどのサボテンはおびただしい数の種子を含む実をつける。種子の数が多ければ、乾燥した生息地で発芽するチャンスが大きく増すというわけだ。

しかしさらに上出来なのは、挿し木で繁殖できるサボテンだ。とくにウチワサボテンとチョーヤは葉状茎《ようじょうけい》［平たくなった茎］が脱落しやすく、動物の毛に付着して運ばれる。こういった切片はその後地面に落ち、たちまちのうちに根を張っては新たなサボテンを形成する。この繁殖法の利点は明らかだ。新しくできたサボテンはすでにその茎にかなりの水分を蓄えている。さらに水分を補給しなくてもゆうに1年は確実に成長できるのだ。カリフォルニアのウチワサボテン、オプンティア・バシラリス（学名 *Opuntia basilaris*）の葉状茎は本体から離れても3年ほど生き延び、植え直せば生育できる。[1]

サボテンが生育するのは砂漠とは限らない。乾燥した荒地から非常に多湿な熱帯地方まで、さまざまな気候で見られる。とはいえ大多数は砂漠のような環境を好む。暑く乾燥した、粗い砂だらけの水はけがよい土地を。彼らは水分を発見するとあっという間にすべてを吸収する。それゆえ、水はけがよくない土では根が病気になって腐りやすい。サボテンは一般的に温暖を好み、ほどよい寒さなら耐えられる品種もあるが、ほとんどのサボテンは約10℃で代謝を停止する。

一般的に、サボテンは並外れたサバイバーだ。かなり厳しい環境に耐えられるし、隣人の多くより長生きできる。たとえば1980年代にチリ北部に生息していたコピアポア属（*Copiapoa*）のサボテンは、6年間雨が一滴も降らないという未曾有の旱魃《かんばつ》を生き延びることができた。[2] 深刻な旱魃は一部のサボテンには好都合ですらある。他の植物がほとんど枯れてしまうところをサボテンは生き延び、雨が再び降れば、競争相手のいなくなったサボテンの天下となるからだ。[3]

●サボテンの定義

サボテン科は非常に範囲が広く複雑で、種類も多く、そのすべてに独特な形と特性がある。サボテンではないのにサボテンそっくりな植物があるため、そして本物でありながらまったくサボテンらしくないサボテンもあるため、定義はさらに複雑化する。ゆえに、サボテンをサボテンたらしめ

ベンケイチュウ（アリゾナ州ソノラ砂漠）

雪に覆われたサボテン（アリゾナ州）

る特質は何なのかを、少しくわしく説明しておいたほうがよいだろう。

サボテンに固有のきわめて重要な特徴は、刺座《しざ》と呼ばれる非常に特殊な器官がある点だ。他の植物には刺座はない。棘はここから、そしてここからのみ、集団で生える。刺座は花、毛（トリコーム）、他の茎と、場合によっては葉も形成する。棘を持つ植物はサボテン以外にも多くあるが、それらは棘を集団で形成することはないし、刺座で形成することもない。

もうひとつのめずらしい特徴は、サボテンの棘がじつは葉が変化したものだという点である。これに対し、棘が茎の表面から一本一本ばらばらに生える植物がある。バラはその一例だ。トウダイグサ科の比較的多肉の種はサボテンそっくりだが、棘はばらばらに生える。この棘はじつは葉ではなく、茎や芽が形を変えたものである。[4]

植物の歴史において、サボテンの進化は比較的遅く、出現し始めたのはおそらく3000万から4000万年前だ。スベリヒユ科ともっとも近い関係にあり、そこから派生したと考えられている。[5] 南北ふたつのアメリカ大陸がまだ分離した陸塊だった頃に、サボテンは南米で生まれた。ふたつの大陸がつながると、サボテンはまず鳥によって、それから陸生生物によって、現在の北米に広まった。鳥がサボテンを周囲の多くの島々に広めたのは間違いない。

着生《ちゃくせい》サボテンのひとつ、リプサリス・バッキフェラ（学名 *Rhipsalis baccifera*）［通称 イトアシ／糸葦］は生息域が広大で、南北アメリカの熱帯地方のほぼ全域で見られる。またアフリカ大陸の広い地域、スリランカ、南インド、マダガスカルにも定着しているが、多くの人々はこれらの地域原産だと誤解している。イトアシは高木の枝に固着して育ち、鳥にとっては魅力的な粘着性のベリーに包まれた種子を作る。おそらく何千年も前に、南北アメリカからの渡り鳥は無意識のうちにこれらの粘着性の種子を――ひょっとしたら羽毛にくっつけて――アフリカ大陸に運んだと考えられている。[6]

驚くほど多様なサボテンは、明確な亜科と連、非常に多くの属と種に分類される。ただしこの分類は、とくにこの数十年はいくぶん流動的だ。国際サボテン系統分類学グループの調査結果について詳述している『ザ・ニュー・カクタス・レキシコン *The New Cactus Lexicon*』（2013年版）によると、約125の属に約1500種のサボテンが含まれている[7]が、この数字は変わり続けている。とくに新たな種が発見されて既存の種や属が見直され、「統合」されたり「分離」されたりした際には。

コピアポア属のサボテン（チリ）

　また、サボテンは異種間交配や異属間交配を非常に「起こしやすい」ため、サボテンによっては識別が昔からかなり曖昧なものもある。近年では、サボテン同士の関係についての新たな大量の情報がDNA配列の解読によって明らかになり、多くのサボテンが再分類されている。もう十年もすれば、これらの分類が再び根本的に再編成されるということもありうるだろう。

　現在の説では、サボテン科はコノハサボテン亜科、マイフエニア亜科、オプンティア亜科、カクトゥス亜科の4つの亜科で構成されている。これらのうちでもっとも小さい亜科はマイフエニア亜科で、含まれる種はふたつだけである。マイフエニア・ポエッピギイ（学名 *Maihuenia poeppigii*）［通称 フエフキ／笛吹］とマイフエニア・パタゴニカ（学名 *Maihuenia patagonica*）［通称 フンジンソウ／奮迅槍］だ。もうひとつの小さな亜科はコノハサボテン亜科で、約16種が含まれ、すべてコノハサボテン属（*Pereskia*）だ。驚いたことに、コノハサボテン属にはすべて一般的な葉がある。

開花したマミラリア属のサボテン

オプンティア亜科は約20の属と約300の種を含み、そのほぼすべてが芒刺《ぼうし》（小さなかえしのついた棘）を持つのが特徴だ。有名なウチワサボテンはこの亜科に属する。最大の亜科、カクトゥス亜科は約100の属と約1200の種を含み、もっともサボテンらしい亜科とされる。

多くのサボテンには葉がないが、ウチワサボテンといったオプンティア属（*Opuntia*）のなかには、新たな茎が伸びる際、小さな未発達の葉をつける種もある（この葉は茎が成長すると落ちる）。南米のマイフエニア属（*Maihuenia*）のサボテンも、小さな肉厚の葉をつける。これは植物が成長しても残る傾向がある。しかし前述したように、コノハサボテン属は一般的な葉を豊富につける。

コノハサボテン属はサボテンが進化してきたなかでもっとも古いグループのひとつで、以来ほとんど変わっていないと考えられている。多くの人々はこのサボテンが少々原始的で、サボテン科の初期の進化の生ける記録だと考えている。コノハサボテン属は一般的な葉と変化した葉（棘）の両方を持っており、いかにもサボテンといった特徴はほんの一部しか備えていない。だが重要なのは、棘を密生させる刺座を備えている点だ。この特徴があればこそ、棘の出現はサボテンの進化における重大な最初の第一歩だったと考えられている。[8]

環境が変化するにつれ、そしてとくに乾燥が進むにつれ、初期のサボテンの多くは、さらに荒涼とした状況に順応し始めた。生き延びるためには何か月、いや何年も降雨なしで耐えなければならない。砂漠で生き残るためにサボテンが起こした最初の変化は、葉を失くすことだった。葉を棘にしてしまえば、蒸散［水が水蒸気として植物体内から空気中へと拡散する現象］によって水分を失うことはない。むしろ、棘は水分を保持する助けになり、日差しを遮り、効果的な断熱材として働く。

マミラリア属のサボテン

多少温度の下がった空気の層でサボテンを包み、水分の蒸発を最小にする。さらに、棘は喉を乾かした捕食者から身を守るのにも有効で、それによって水分を保持することが可能になる。

葉を失ったために、サボテンは光合成をもっぱら茎だけで行わざるをえなくなった。ほとんどの植物は新しい茎が成長する際に堅い外皮の層を速やかに作り、その部分での光合成を停止させるが、サボテンは茎の光合成を促進するために、堅い外皮が作られるのを遅らせるように進化した（一部のサボテンは100年以上堅い外皮を作らず成長できる）。その表皮をむき出しにしたままで、生涯のほとんどを通して光合成を活発に行うようになったのである。[9] もし堅い外皮ができるにしても、多くの場合、それは植物の下の部分（つまり一番古い部分）に限定される。

光合成を行うために、植物はその気孔《きこう》（表皮にある小さな孔）を開かなければならない。二酸化炭素

カクタス・カントリー（観光サボテン園）のサボテン（オーストラリア）

を取り込み、老廃物である酸素を放出するためだ。しかし気孔が開くと内部の水分が大量に蒸散する可能性がある。とても暑く乾燥した状況ではなおさらだ。サボテンと他の多くの砂漠の植物は、特殊な気孔を作り上げた。長期にわたり――必要なら数か月でも――閉じたままでいられる気孔だ。通常、この気孔は日中は閉じて、比較的涼しい夜にだけ開く。これでかなりの水分を節約することができる。

しかし、日中呼吸を止めると、植物は困ったことになる。光合成を行い廃棄すべき酸素を吐き出すには、二酸化炭素を取り込む必要があるからだ。植物は暗闇のなかでは光合成を行うことができない。光合成には日光が欠かせないからだ。そこで夜の間にできるだけ多くの二酸化炭素を取り込み、それをリンゴ酸に変えて朝までためておくという技を生み出した。再び太陽が照り始めると、サボテンはリンゴ酸から取り出した二酸化炭素を「燃料」にして、再び光合成を行う。このプロセスはベンケイソウ型有

フエフキ、チリ原産、棘と小さな肉厚の葉が見える。

機酸代謝（CAM）と呼ばれている。[10]

蓄えた二酸化炭素をリンゴ酸に変えるので、サボテンと他の食用多肉植物は朝収穫すると比較的酸っぱく、日中の遅い時間に収穫するとそれほどでもない。ドイツの科学者ベンアミン・ハイネは1815年にこの「味の違い」に初めて着目したが、CAMのすべてが解明されたのは1世紀以上経ってからのことである。[11]

CAM植物は酸素を放出し、夜間に大量の二酸化炭素を取り込むので、サボテンは理想的な室内用鉢植え植物だと薦める者もいる。サボテンのおかげで室内環境がより健康的になるというのだ。サボテンは窓やドアが固く閉ざされ、他の鉢植えが「眠った」ままでいる間に、せっせと働いて空気を浄化してくれる。実際、世界的に有名な環境生物学者でサボテンの専門家でもあるパーク・S・ノーベルは、サボテン、とくにウチワサボテンの亜種であるオプンティア・フィクス＝インディカ（学名 *Opuntia ficus-indi-*

成熟したウチワサボテン。茎が木質化している。

ウユニ塩湖畔のサボテン（ボリビア）

ca）［通称 オオガタホウケン／大型宝剣］は大量の二酸化炭素を迅速に取り込む名人なので、将来気候変動と闘う際に重要な働きをするかもしれないと述べている。空気中の余分な炭素を取り込み、それを組織内で固定する効果的な「炭素吸収源」として役立つというわけだ。[12]

きわめて乾燥した気候で生き延びるためにサボテンが果たしたもうひとつの重要な進化は、茎が非常に多肉になったことだ。太さが増し、大量に貯水できる細胞がより多く含まれるようになっただけでなく、形そのものが変化し、貯水量に応じてアコーディオンのように容易に膨らんだり縮んだりできるようになった。これは茎の斬新な構造である稜《りょう》（縦の隆起部）と疣《いぼ》（丸みをおびた円錐様の突起部）ができたおかげである。[13]こういった進化は比較的最近起こったと考えられている。疣《いぼ》とくに稜《りょう》は、もっと原始的なサボテンには見られないからだ。[14]

多肉植物でない植物の水分はせいぜい75パーセントといったところだが、サボテンは95パーセントの水分を含むことが可能だ。回復力も非常に強い。とくに乾燥した時期には貯水量の最大80パーセントを失うこともあるが、それでも生きていける。[15]多くのサボテンは水分を、かなりねばねばしていたりゼリー状だったりする粘液の形で蓄える。なぜ粘液なのかは正確にはわかっていないが、おそらく貯水をより活発に、効果的に行うためだろう。オプンティア属とアリオカルプス属（*Ario-carpus*）は粘液の濃度が高いことで知られ、メキシコ先住民は接着剤などさまざまなものを作るのにこのサボテンを使用してきた。[16]

ほとんどのサボテンは陸生で、土から芽吹く。大きく育ち、地面にそびえ立ってその豊かな茎に大量の水を蓄える。一方で、小さく、地下に隠れて太陽を避けるよう進化し、水を蓄える大きな塊《かい》

このサボテン（コクボタン）はほとんど完全に地下で成長する。丸い外形の上の三角形の部分が乾いた砂土を通して見える。

根《こん》を発達させた種もある。アリオカルプス属のなかには、乾季の間、疣《いぼ》の先端だけを地上に出して地下に潜り込むことができるものもある。こういったサボテンは半地中植物と呼ばれる（雨季の間は体を起こし、姿が見えやすくなる）。なお、アリオカルプス属の栽培種は野生種とは外見がまったく異なり、ふっくらとしてまっすぐ立ち、濃い緑色をしている。アリオカルプス・コトスコウベヤヌス（学名 *A. kotschoubeyanus*）［通称 コクボタン／黒牡丹］は本当に一生を完全に地下ですごす。結晶質の砂の土壌がいくらか光を通すため、こういった植物は地下でも光合成を行うことができる。そして花が咲くときだけ、受粉のために花を地上に押し上げる。[17]

サボテンは最初は非常に乾燥した状況で生き延びるために進化したと考えられているものの、気候の変動にともない生息域が広がると、再び変化した。高山の環境に順応し、極度の寒さから身を守るため、大量の毛や厚い蠟質の皮や密集した棘や稜で身を守ったものもある。雪に覆われて育つサボテンを初めて見た人は、たいてい驚く。

熱帯雨林など、非常に多湿な環境で育つサボテンもある。こういったものの多くは着生、つまりもっぱら木に根を張って生きる。寄生するのではなく、枝を止まり木にするのである。こうすることで地上の捕食者を近づけずに済むし、木の生い茂る日陰の多い森のなかでも比較的多く日光を浴びることができる。シャコバサボテン（スクルンベルゲラ属 *Schlumbergera*）はもっともよく知られた着生サボテンのひとつである。他にはリプサリス属（*Rhipsalis*）、ディソカクトゥス属（*Disocactus*）、ヒロケレウス・ウンダトゥス（学名 *Hylocereus undatus*）——人気が高く、美味なドラゴンフルーツはこの実である——などがある。

熱帯地方では、多肉に進化したことを強みとしているサボテンもある。こういったサボテンは枝や木の割れ目に集まった水分を迅速に吸い上げることができるが、多くの種はこの能力をほとんど捨てたようだ。茎が非常に薄く平たくなっていて普通の葉そっくりに見えるサボテンもあるが、これはあくまでも茎だ。一般的な葉を育てる能力は完全に失っている。

◉サボテンの構造

ほとんどのサボテンは葉を持っていないので、その形は茎で決まる。1本の茎からなるものもある。その場合、茎は短くて球形か、あるいは非常に高くて円柱状だ。多数の大枝が突き出たものも

着生サボテン。葉に見えるが、平たくなった茎である。

ある。有名なサワロ（学名 *Carnegiea gigantea*）［通称ベンケイチュウ／弁慶柱］は50年から70年を経るまで茎は1本だ。そのくらい経って初めて、さらなる茎、つまり「アーム」が生え始める。オプンティア属（ウチワサボテンも含む）は大きさのそろった多数の茎が交互につながってできているのが普通だ。茎が最大まで成長すると、そこから新たな茎が生え、それが順に繰り返されて繁茂していく。典型的なウチワサボテンはパドル型の部分を伸ばし、その結果、プラティオプンティアに分類されるものもある。亜科にはもっと筒型の茎を持つものもある。これらはしばしばキリンドロプンティア属（*Cylindropuntia*）と呼ばれる。

多くの球形のサボテンは茎の基部に「子株」を作る。非常に豊富に作るものもあり、大きな山を形成すると、これらは群生サボテンと呼ばれる。これは比較的小さな球形の種類にとくによく見られる。ウバタマサボテン属（*Lophophora*）、マミラリア属（*Mam-*

millaria)、ロビヴィア属（Lobivia）、エキノケレウス属（Echinocereus）などだ。この成長戦略は多くのレベルで成功しているようだ。たとえば、もしひとつもしくは数個の子株がダメージを受けても、もっと大きな集団と残りの子株は問題なく生き延びられる。集団で育つこうした性質にはカムフラージュの効果もある。石が積み上がっているように見える場合もあれば、動物の糞に見える（ウバタマサボテン属の場合）ことすらある。そしてもっと棘の多い種類のサボテンなら、貫通不能な棘だらけの鎧《よろい》になることができる。

ほとんどのサボテンの根はかなり地表近くにとどまって縦横に広がる。それにより、地面に落ちる雨をかなり広範囲に、そして速やかに吸い込むことができる。たとえば成熟したベンケイチュウの根は、生えている場所から18メートルも広がっていくことができる。非常に大きな塊根を形成する種もあり、この根は地下で水分を安全に蓄えるのに使われる。こういった根を形成するのは比較的小規模なアリオカルプス属やウバタマサボテン属、あるいは非常に細い茎をもち、夜咲きの花をつけるペニオケレウス・グレッギイ（学名 Peniocereus greggii）などで、サボテン本体には水をためる能力はほとんどない。

塊根のおかげで、乾季にうまく地下に潜ることができるサボテンもある。水分が枯渇すると根が収縮し、植物本体を下向きに引っぱるからだ。多くのサボテンの細い髭根《ひげね》のなかには、脱落性で乾季には抜け落ちるものもある。太い根はしばしば休眠に入り、土中で水分が失われるのを最小限にとどめるために「引きこもる」。しかし数時間雨が降ると、その間にこれらの根は吸水を完全に再開し、抜け落ちた髭根をほんの数日で再生することすらできる。[18]

サボテンは種子で繁殖することも多いが、茎で繁殖するのも得意である。茎の断片が地面に落ちると不定根《ふていこん》（茎から出た根）が生え、速やかに地に根を下ろす。ほとんどのサボテン栽培者は、もちろん切り取った茎を地面に立てて根づきやすいようにするが、自然に落ちた茎の一部は、どの部分が土の上に載っても根を生やすことが多い。着生サボテンの場合は、べつに傷もなくしっかり木の枝に固着していても、不定根が茎のさまざまな場所から生える。これらの新しい根は、熱帯の高い木の枝から垂れ下がるサボテンの体を固定し、重さを支える助けになる。[19] こういった木に根を張るサボテンのなかには、じつは半着生のものもあり、これは木の枝に固着するための不定根に加え、土に伸びる根も持っている。

◉木質部

多くのサボテンは内部に木質構造を持っている。これはベンケイチュウが枯れた姿を見れば非常によくわかる。ベンケイチュウは茎の髄が枯れて朽ちたあとも、しばらくはまっすぐ立ったままであることが多い。頑丈な表皮や膨らんだ髄から解放されて、木質化したしなやかな稜が大仰に腕を広げているようすが見られることもある。アメリカの建築家、フランク・ロイド・ライトはベンケイチュウの精巧な構造に驚嘆し、「補強された建築構造の完璧な例だ……われわれ建築関係者が建てるよりもずっと本物の超高層ビルだ」[20] と述べている。

スイスチーズのように穴のたくさん開いた木質部を形成するもの（チョーヤ、またはキリンドロプンティア属）もあれば、垂直な稜に分かれた木質部を形成するもの（ベンケイチュウなど）もあ

カクタス・カントリーのサボテン（オーストラリア）

木質化したサボテン（トリコケレウス属）を使用したドアパネル（ボリビア）

ベンケイチュウと、枯れて骨のようになったベンケイチュウ。ジョージ・エングルマンによる19世紀の合衆国の概説『国境のサボテン *Cataceae of the Boundary*』より。

る。どちらの構造も、蓄えられる水の量や蓄える方法についてはかなり柔軟だ。メキシコや南米に定着したトリコケレウス属（*Trichocereus*）やステノケレウス属（*Stenocereus*）などの柱サボテンから採った木材は非常に頑丈かつ強靭で、何世紀にもわたり建築に使われてきた。

ベンケイチュウはその大きさと外敵から防護してくれる棘のために、鳥や小動物にとってのありがたい避難場所となっている。キツツキはその茎に巣穴まで作る。キツツキがつついてできた穴の内側（つまり巣穴の壁の部分）はじきに木質化する。サボテンが枯れても、こういった木質化した組織は稜とともに枯れずに残り、砂漠にゴロゴロと転がることになる。古い干からびた革靴や長靴のような形にも見えるため、これらは「サボテン・ブーツ」と呼ばれている。

●棘、芒刺、毛

サボテンにはさまざまな形、色、大きさの棘がある。あまりに小さくてほとんど見えないものもある。存在感たっぷりな長さ30センチのものもある。かえしがあるもの、太くてあまりとがっていないものもあれば、らせん状のもの、まっすぐで針のように鋭いものもある。フェロカクトゥス属（*Ferocactus*）は一般的に樽型、あるいは非常に太い柱の形をしたサボテンだが、恐ろしげな棘で覆われている。すべてのサボテン科のなかでもっとも長く、太く、鋭い棘のひとつだ。その一方で、まったく無力としか思えない、紙袋も突き通せないような棘を持つものもある。たとえば、テフロカクトゥス・アーティキュラートゥス（学名 *Tephrocactus articulatus*）［通称 ムサシノ／武蔵野］の棘は長く平らで、紙でできているかのようだ。

フェロカクトゥス属のサボテン。真っ赤な棘が生えている。

サボテンの棘は想像しうる限りのさまざまな色がある。エビサボテンのエキノケレウス・ダシアカントゥス（学名 *Echinocereus dasyacanthus*）［通称ミハタ／御旗］はそれぞれの茎に多色の棘があり、黄、白、オレンジ、ピンク、紫の鮮やかで目立つ水平の帯を形成する。

棘は成長するにつれ、大きさと形が変わることも多い。若いベンケイチュウの棘は比較的長い（最長で10センチ）が、成熟すると目に見えて短くなる。同様に、アリオカルプス属の多くも棘があるのは十分に成長していないうちだけで、完全に成熟すると棘がなくなる。この戦略のおかげで、若いサボテンはもっとも脆弱な時期に身を守ることができる。[21] ルドルフ・シュルツとアッティラ・カピタニーは、サボテンを棘で識別するのは誤りだと警告している。実際、棘はもっとも変化しやすい特徴のひとつで、「同じサボテンでも刺座ごとに数や長さ、太さ、色が異なる」。棘の成長に影響をおよぼす要因は多い。環境――生育地、土壌、栄養、光、水――や植物の年齢、健康状態、さらには遺伝的変異などにより変化する棘は、もっとも「不安定な特徴」だと言えよう。[22]

棘はサボテンの周囲の温度を調節し、照りつける陽光を避ける陰を提供してくれる。アンデスの霧深い山地の砂漠地域では雨がほとんど降らないが、サボテンの棘は小さな水滴を捕捉して植物の基部へと流すことができる。[23] 棘にはまた、植物を捕食者から守るという役割もある。

芒刺《ぼうし》はかえしのついた極小の棘で、一部のサボテンに見られる。肉眼ではほとんど見えないほど小さい。人や動物の皮膚に簡単に刺さり、あまりに小さいため除去するのが困難で、多くの炎症の原因となる。芒刺はウチワサボテン亜科のほぼすべてのサボテンに見られる。他の多くのサボテンの棘とは異なり、芒刺は脱落性で、一般的に短い成長周期で落ちる。

毛が密生したサボテン

毛はサボテン科のごく一般的な特徴だ。多くの植物に葉や茎を覆う産毛（または軟毛）のようなものはあるが、もっとも太くもっとも目立つ毛が生える植物はサボテンだ。毛（またはトリコーム）には多くの目的がある。棘と同様に表面近くの温度を調節できるし、陰を作り極度の冷気や熱を遮断する「緩衝装置」としても働く。また、植物に不可欠な水分を捕捉するのにも向いている。ほとんど毛で覆われているため、毛が一番の特徴というサボテンもある。人気のオールドマンカクタス（学名 *Cephalocereus senilis*）［通称 オキナマル／翁丸］は長く白い毛で完全に覆われている。反対に、エキノプシス属（*Echinopsis*）やトリコケレウス属の多くがそうであるように、毛がないものもある。もっともそういった場合、花が咲く際に花柄《かへい》が毛で覆われていることも多い。

◉花

サボテンの花は、すべての植物のなかでもっとも印象的で非凡な花だと言えよう。サボテンの棘などと同様に、花ももっぱら刺座から生じる。サボテンの花は青以外のほぼどんな色もあり、すべてベタレインと呼ばれる独特な色素によって作られる。サボテンの花に特有の色素だ[24]。日中に咲く花もあるが、多くは夜に咲く。夜であれば、砂漠の日中の暑さを避けることができる。そうすることで失う水分を最小限にとどめることができるのだ。ほとんどのサボテンの花は短い間しか咲かない。ほんの数時間か、長くても数日だ。花の大きさはさまざまで、とても小さいものは直径約8ミリ程度。リプサリス属やマミラリア属に見られる。大きいものは直径30センチ以上あり、ヒモサボテン属（*Hylocereus*）やセレニケレウス属（*Selenicereus*）に見られる。

メロカクトゥス・アズレウス（学名 *Melocactus azureus*）（鶯鳴雲／おうめいうん）。赤い花座を持つブラジル固有種。

開花し始めた柱サボテン

成熟すると、花座《はなざ》（セファリウム）をつけるサボテンもある。これは密集した刺座が特殊な発達を遂げたもので、密生した毛や棘や、何よりも大事な花を作り出す。花座ができるとそれは成熟期を迎えたしるしであり、保護された環境のなかでつぼみが開くことができるようになる。メロカクトゥス属（*Melocactus*）のように、花座が先端成長（植物の一番先端から成長すること）として現れる属もある。その場合、基部は成長を止め、すべてのエネルギーを花座の成長に注ぐ。茎の側部に花座をつけるものもある。柱サボテンでは、茎の片側だけに毛（と花）が垂直に連なって生じることが多い。こういった場合には、サボテンの茎と花座は両方成長し続ける。

●サボテンと動物

さまざまな生き物がサボテンの花に授粉する。ハナバチ、チョウ、ガ、コウモリ、鳥などだ。ハチドリはサボテンと同じくもっぱら南北アメリカ原産だ

ジョン・グールド『サボテンの花を食べるハチドリ』。『ハチドリ科、ハチドリの家族のモノグラフ *A Monograph of the Trochildae, or Family of Hummingbirds*』の挿絵より（1860年頃）。

が、サボテンの優れた、そして非常に有能な授粉者である。空中でホバリングする能力は授粉に明らかに役立つし、長いくちばしと長い舌を使って蜜を吸い取るのがうまい。そして体についた大量の花粉を自然と次の花に運ぶのである。ハチドリには多くの種類があるが、その大きさと形に応じて、授粉にもっとも適した種というのがあるようだ。

サボテンの授粉をする鳥は他にもいる。マルハシツグミモドキとビュラックムクドリモドキは早朝にベンケイチュウの花に授粉する傾向があり、他の生物が夜間に授粉し残した花の授粉を行う。[25]花の色によって授粉する生物はいくぶん異なるようだ。たとえば赤い花はハチドリが授粉することが多い。白い花はコウモリやガだ。[26]さまざまな香りによっても引きつけられる生物は異なる。甘い香りの花は虫を引きつけるが、強烈な、刺激的だったり麝香《じゃこう》のようだったりする香りにはコウモリが引きつけられることが多い。[27]

花の蜜を食料とするコウモリは、じつに有効な授粉者と言えるだろう。非常に飛行距離が長く、嗅覚が鋭いため香りのよい花を容易に見つけられるのに加え、（ハチドリと同様に）花の上でホバリングできるからだ。授粉においてもっとも注目に値するのは、オルガンパイプカクタス（学名 *Stenocereus thurberi*）［通称 ダイオウカク／大王閣］とソーシュルハナナガコウモリ（学名 *Leptonycteris curasoae*）の関係だろう。このコウモリは早春に途方もない距離を移動する際、ダイオウカクの群生地を横断する。夜通し移動しながらサボテンの花の蜜を大いに楽しんでは授粉する。移動距離は１００キロにおよび、ひと晩に１００個の花の蜜を吸う。数か月後、コウモリたちは同じルートを通って帰路に就く。今回は幼い子供たちも一緒に、彼らが以前授粉したサボテンの熟した果実を堪

サボテンの巣に止まるミナミハシボソキツツキ

能する。この帰りの旅では種子を散布する役割も担い、遠く離れた場所に未消化のサボテンの種を落としていく。[28]

一般的にほとんどのサボテンの実は食用に適し、人間も動物もよろこんで食べる。実の大きさはエンドウマメくらいから大きなリンゴやナシくらいまでさまざまだ。どれも正確に言えばベリーであり、果肉のなかに多くの小さな種子を含む。これを動物が食べ、未消化の種子をいたるところにばらまくのである。棘や毛や芒刺に覆われている実もあるが、表皮が滑らかなものが多い。

ほとんどのサボテンは荒涼とした環境で育つので、戦略的に大量の種子を作る。たとえばベンケイチュウは一生の間に何百万という種子をばらまく。しかし発芽するのはごくわずかで、成熟にいたる種子はもっと少ない。多くのサボテンの実は、果汁たっぷりの果肉（と種子）をすぐに鳥や動物に食べてもらえるように、熟すとはじけるようになっている。サ

ベンケイチュウに巣を作ったフクロウ

ベンケイチュウをくりぬいた巣はまるでブーツのようだ。キツツキかフクロウのもの。

ボテンの種子をもっとも散布してくれるのは鳥とコウモリだ。長距離を飛行するため、非常に広範囲にばらまくことができるからである。

サボテンは荒涼とした砂漠の風景のなかで、ひときわ存在感を発揮する。ずらりと並ぶ棘は、ある種の動物たちにとってきわめて優れた、非常に安心な棲み処となる。砂漠の齧歯《げっし》類、とくにウッドラットは、棘の多いチョーヤやウチワサボテンの下に巣を作る。その鋭い棘がコヨーテやボブキャットといった捕食者から守ってくれるからだ。鳥は巣を作るのにサボテンが理想的な場所であることを知っている。サバクシマセゲラやミナミハシボソキツツキなどは、ベンケイチュウといった大型サボテンの茎に穴を開け、そのなかに巣を作る。

卵がかえってひなが飛べるようになると、彼らはこのサボテンの洞穴を捨てる。そのあとに他種類の鳥、たとえばサボテンフクロウやサボテンミソサザイやハト――サボテンの肉に自力で穴を開けることはできない――が引っ越してくる。[29] タカやワシといった大型の鳥は、ベンケイチュウの高い枝に精巧な巣を作る。植物そのものが枯れたあとも、これらのサボテンの木質化した稜は多くの動物たちにシェルターと棲み処を提供し続け、暑く乾燥した砂漠で、白骨化した動物の骨のようになったサボテンの骨格は長年にわたり生き残る。

さまざまなサボテンの実と茎は、鳥、爬虫類、哺乳類などさまざまな野生動物に不可欠な栄養を提供している。一番食べられているのは、ほぼ間違いなくウチワサボテンだ。非常に多くの鳥、リス、コヨーテ、ハイイロギツネがその実を食べ、カメ、ジリス、ジャックラビット、さらにはシカやアメリカクロクマにいたる広範な動物たちが実と葉状茎《ようじようけい》の両方を食べることが知られている。

ウチワサボテンとアシカ（ガラパゴス諸島）

実際、アメリカ南西部の一部地域では、そこに暮らすオジロジカの餌の半分がウチワサボテンの葉状茎だという。サボテンの葉状茎は夏の数か月、こういった動物たちの栄養源のみならず、貴重な水分源にもなっている。[30]

第2章　在来種のサボテン、外来種のサボテン

人間は何千年にもわたりサボテンを利用し育ててきた。サボテンはもっぱら南北アメリカ原産なので、歴史的にサボテンともっとも関係が深く、もっとも長く関係を持続してきたのは南北アメリカ大陸の先住民である。サボテンは食料、薬、避難所、防護物、道具、衣服に利用され、人間の文化、宗教、アイデンティティに多大な影響をおよぼしてきた。

◉コロンブス以前のサボテン

人間社会とサボテンが何千年にもわたり密接に結びついてきた証拠は数多くある。ペルーの中央アンデスの洞窟からは約1万2000年前のウチワサボテン（オプンティア属 *Opuntia*）の種子が発見されている。この地域に住んでいた人々がその種子を集め、食用にしていたのだ。隣国ブラジル、ピアウイ州のセラ・ダ・カピバラ国立公園でも同じ頃の洞窟壁画が発見されている。いくつかの壁画にはウチワサボテンらしきものが描かれており、とくにタキンガ・イナモエナ（学名 *Tacin-*

R・クロノーが描いた伝統的な砂漠の風景。1890年頃。

ga inamoena）と現在呼ばれる種だったと考えられている。[1]

古代ペルー人、あるいは少なくとも彼らの宗教指導者は、おそらく柱サボテンのサンペドロ（学名 *Echinopsis pachanoi* または *Trichocereus pachanoi*）［通称 タモンチュウ／多聞柱］をあがめるとともに食べ、その向精神作用を利用していた。ペルーのチャビン・デ・ワンタルの神殿では前1300年頃の人工遺物が多数発見されており、そこにはこのサボテンの大きな茎を高く掲げる人物が描かれている。[2]

こういったコロンブス以前の社会の多くが、サボテンの棘を釣り針や櫛やその他の実用品に使用していた証拠もある。比較的背の高い柱サボテンから採った木材は、昔も今も、家や塀や家具や道具を作るのに使われている。[3]

アステカ文明、あるいはメシカ文明とも呼ばれるコロンブス以前の文明を起こした人々は、もともとは遊動民だった。彼らとサボテンとの出会いには、非常に

アステカ帝国の建国にまつわる伝説。16世紀メキシコの写本『トヴァル・コデックス』より。

神秘的な伝説がある。実際、彼らがどのようにして放浪する生活様式をやめ、現在のメキシコシティに王国の礎を築いたかという伝説に、サボテンは深くかかわっている。遊動民の集まりだった時代に、アステカ族は「約束の地」の場所を告げる、非常に詳細な予言を受けた。予言によると、目印は中央に島のある大きな湖だという。島には実をつけた大きなサボテンがあり、そのてっぺんにはくちばしに死んだ鳥をくわえたワシが止まっている。その場所こそ、建国すべき土地なのだと。

1325年にアステカ族はまさにそのとおりの場所を発見し、そこに帝国を築いたという。この伝説に敬意を表して、現在のメキシコの国旗には、ウチワサボテンのてっぺんに止まるワシの姿が紋章として描かれている。ただし、伝説ではワシがくわえているのは鳥だったが、国旗ではヘビだ。[4]

アステカ族は人間をよく生贄にすることで有名になった。宇宙の微妙なバランスを維持するには、そういった生贄の儀式を行わなければならないと信じていたのである。ほとんどの場合、生贄の儀式は神殿内の石の台の上で行われたが、特別な場合――おそらく神々から一層の愛顧を得たい事情がある場合――には、大きなサボテンのてっぺんで神々に生贄が捧げられた。アステカ族にとって、ウチワサボテンの実はまさしく人間の心臓の象徴だった。それゆえに、予言された「実をつけたサボテンに止まるワシ」のイメージは、彼らの新しい故国の位置を示すだけでなく、この新しい国で神々に生贄として捧げられる多くの人間の心臓をも意味していた。[5] 命にはかかわらないものの、アステカ族は他にも血を流す儀式を行っている。血の雫《しずく》を神々に捧げるために、自分の皮膚をサボテンの棘で切ったり突き刺したりしたのだ。[6]

◉コチニール

コロンブス以前の時代、サボテン（とくにウチワサボテン）のもうひとつ重要な用途は、染料の製造だった。ウチワサボテンのえんじ色の実もときには染料として使われたが、もっとも優れた染料は、小さな虫（2～4ミリ）、コチニールカイガラムシ（学名 *Dactylopius coccus*）から採られる。もっぱらウチワサボテンに寄生する虫だ。この虫は雄と雌で姿がまったく異なる。雄には羽がありサボテンからサボテンへと飛んでいくことができるが、雌は飛べず、丸っこい形をしている。雌は雄よりもかなり数が多い。成虫となってからの生涯のほとんどをサボテンの葉状茎にかぶりつき、その汁を吸ってすごす。この虫は体内で強いカルミン酸（カーマイン）を生成する。アリなどの天敵はこのにおいを嫌うため、コチニールカイガラムシが身を守るのに役立つ。めずらしいことにこの酸は深紅色をしており、虫を押しつぶすと染料の原料となる赤い汁がにじみ出る。16世紀にコチニールの存在を知ったヨーロッパ人は、この染料が新世界および旧世界で手に入るどんな赤の染料よりもはるかに優れていることに気づいた。染料の混ぜ方によっては、オレンジ、茶、ピンク、赤、紫、さらには黒までのさまざまな色合いを出すこともできた。[7]

コチニールは非常に耐久性が高く、劣化しにくい。コチニールで染めた2000年以上前の布がペルーやメキシコで発見されているほどだ。コチニールは染織に使うだけでなく、装飾にもよく使われていた。人々は歯や唇、そして体もコチニールの赤で華やかに染めていた。コチニールカイガラムシの養殖は、何千年も前にメキシコ南部の先住民がオアハカ地域で始めたと考えられている。

コチニールカイガラムシのついたウチワサボテン。1820年頃。

コチニールカイガラムシの養殖を描いたカード。1907年。

養殖はそこから広がり、ペルーの一部にも定着した。[8]
養殖されたコチニールカイガラムシは野生種とはかなり異なる（実際に違う種とみなされることもある）。飼育種はずっと大きく、染料も多く作るし、色も濃い。また収穫も容易だ。野生種はサボテンを食べる間は厚い綿毛のような覆いを作って身を隠すが、飼育種はこの覆いを作らないからだ。

しかしこれだと捕食者や悪天候に対して脆弱になるため、念入りな世話が必要となる。異常気象――厳寒や温度の急上昇や豪雨や長雨など――でコチニールカイガラムシが全滅する恐れもある。卵を産む雌の虫とサボテンの葉状茎を寒さから守るため、冬の間自宅で飼う者もいた。毎年確実に収穫できるように、雨季の間は虫をかごに入れ、標高が高く乾燥した山地に運ぶ者すらいた。[9]

雌の虫を収獲する準備が整うと、農夫たちは虫をそっとかごやボウルに掃き落とし、それを最長2週間日干しにしてから、すりつぶして粉にする。後には、乾燥時間を短縮するためにオーブンが使用され始めた。コチニール・パウダー1キロを作るには15万匹以上の乾燥した虫が必要となる。

アステカ族はこういったコチニール産地を次々と征服し、染料製造の実質的な管理者となった。先住民のコチニール農家は新たなアステカ族の君主に高い税をかけられ、帝国に大量の染料を納めるよう求められた。アステカ族は「ノチュトル」（ウチワサボテン）と「エストリ」（血）という言葉を合わせて、コチニールを「ノチェストリ」と呼んだ。

1519年、新大陸に初めて到着したスペイン人は、この赤い染料に感激した。彼らはアステカ族からコチニール管理の権限を奪い、当地でも国際的にも染料の生産を促進し始めた。スペインは1523年にはヨーロッパにコチニール染料を輸出し始め、まもなく世界の市場を支配した。のちにポルトガルも新大陸に上陸すると、染料の主要な業者となった。コチニールは当時のヨーロッパで――そしてヨーロッパ以外の国々で――知られていたいかなる赤の染料よりもはるかに優れていた。

18世紀末には、イギリスがおもにその鮮やかな赤い軍服のために大量の染料を消費していた。スペインからの莫大な請求額に不満を抱いたイギリスは、染料を自力で調達しようと、生産地の建設を試みた。1787年、博物学者のサー・ジョセフ・バンクスは養殖事業を開始するにはオーストラリアが適地だと考え、大量のコチニールカイガラムシをオーストラリアに送るよう命じている。ただしメキシコとペルーの飼育種のカイガラムシはスペインとポルトガルが厳重に管理しているため、バンクスが調達したのはブラジルの野生種（と餌になるサボテン）だった。野生種は、飼育種

コチニールカイガラムシの養殖。1770年代の印刷物。

のコチニールカイガラムシ（学名 *D. coccus*）に比べると染料を作る能力がはるかに劣る。また気候が南米とはあまりに違ったので、オーストラリアのカイガラムシはまもなく全滅した。結局、カナリア諸島など別な場所で繁殖が開始され、こちらはかなり成功した。

何世紀もの間、この驚くべき寄生性昆虫、コチニールカイガラムシは世界でもっとも重要な赤い染料の原料であり続けた。しかし19世紀半ばになると、石炭を原料とする合成アニリン染料が発見される。コチニールよりもはるかに安価に、また気候に関係なくどこでも作れることが判明すると、合成染料はまもなくコチニール産業に取って代わった。この新たな合成染料は衣類にも食品にも使われた。しかし近年、こういった合成染料を食品に使用することへの懸念が生じ、コチニール染料は再び天然食用色素として人気が出始めている。

現在、量はさほど多くはないものの、コチニール染料は布地や化粧品その他の製品に使われている。コチニールは美術・工芸においても人気の材料であり、家庭用には液体あるいは粉末で、または乾燥した虫の形で販売されている。現在のコチニールの主たる生産国はペルーで、２００５年には世界の生産量の85パーセントがこの国で生産された。残りの多くはメキシコとカナリア諸島で生産されている。[10]

●はびこるウチワサボテン

オプンティア属、つまりウチワサボテンほど世界じゅうに広がっているサボテンはない。生息地の環境が破壊されたり、コレクターに乱獲されたりしたせいで絶滅寸前のサボテンが多いなか、オプンティア属のいくつかの種は繁栄し続けている。ウチワサボテンはシチリア島といったいくつかの地域でもかなり繁殖している。この島では何百年ものあいだ果物として栽培されてきたが、必要以上にはびこらないよう、自然によっても人為的にも食い止められている。しかし南アフリカやとくにオーストラリア――開放的な場所であるとともに完璧な環境条件が整っている――といった地域では、ウチワサボテンは深刻かつ有害な影響をおよぼしている。ある作家は、途方もない勢いで世界的に広がっていくウチワサボテンについて次のように嘆いている。

人間がウチワサボテンを切り落とすと、奴らはおびただしい数になって再生する。家畜に食わせると、奴らは大草原、高原、丘、乾いた扇状地に広がる。新たな環境に移植し、海を渡った新たな国に運ぶと、奴らは人間を家から追い出し、畑を取り上げ、家の前まで伸びてきて、ほとんど封鎖してしまう。[11]

オプンティア属が新世界からヨーロッパに初めてもたらされたのは1520年代と考えられる（あるいはクリストファー・コロンブスが1490年代に持ち帰ったのかもしれない）。こういった植物は新世界の「驚くべきもの」「奇妙なもの」すべてを体現しているかのように思われたため、大変な人気が出た。すこぶる丈夫で栽培が容易なのも魅力だった。

南北アメリカとヨーロッパ間の船旅が盛んに行われるようになると、オプンティア属の葉状茎と果実は、壊血病を防ぐ食糧として船に積まれた。旅の途上で船がたまたま停泊して種子や葉状茎が

アルジェリアのウチワサボテン。1895年。

捨てられ、それらが各地に根づいたと考えられる。[12]このサボテンはスペインからヨーロッパに瞬く間に広がり、おそらく1570年代にはイタリアに、1580年代にはドイツに、その後オランダ、フランス、イギリスに広まっていった。北アフリカには、大量のムーア人がスペインから追放された1610年頃に運ばれたと考えられている。[13]

ウチワサボテンは1787年、オーストラリアに初めて持ち込まれた。コチニール産業を確立しようとして失敗したときのことである。このときのサボテンはオーストラリアの地に根づいたものの、きちんと管理されたのでさほど広がることはなかった。しかし数十年を経た1830年代に、オプンティア属の他のさまざまな種が持ち込まれ始めた。おもに美観目的の園芸植物として。そして地所の境界を示す生け垣として。優れた自然の柵材だと考えられ、実がなるのも魅力的で、当初は非常に人気が高かった。1840年代には多く

蔓延するオーストラリアのウチワサボテン。1915年頃。

の農民がこれらのサボテンを家畜の飼料の足しにするため大量に植えつけた。

しかしその後、多くの場合は動物によって、さらには切断片が見境なく捨てられたことによって、これらのサボテンは広範囲に広がり始め、まもなく有害な植物とみなされるようになった。オーストラリアのオプンティア属にはいくつかの種類があるが、「主犯」はセンニンサボテン（学名 *O. stricta*）、そして比較的広がりは小さいが、オプンティア・アウランティアカ（学名 *O. aurantiaca*）である。これらは１８７０年代までに劇的に広がり、クイーンズランド州とニューサウスウェールズ州の数百万ヘクタールの土地が農業や放牧に使えなくなった。１９００年には２３００万ヘクタールにまで広がっている。

ニューサウスウェールズ州のとくに被害の大きかった地域には、サボテンがどれほど急速に広がったかを示す記録が残されている。

1908年から1910年にかけて、ウチワサボテンの「壁」は「幅約6・4キロの塊となって約800メートル前進してきた」。1919年、政府はその広がりについて次のように報告している。

厚い葉状茎と実は本体から簡単にはずれ、洪水が起こるとかなり下流に運ばれる。あるいは畜牛が家畜道路で移動する際に運ばれる。熟した実は家畜やさまざまな鳥が食べるが、種子は消化されずに腸を通過し、その後動物や鳥の糞のなかから発芽する。種子をばらまく鳥はおもにエミュー、カラス、フエガラス（学名 *Strepera graculina*）だ。[14]

報告書によると、いくつかの地域では住民がやけになってこの腹立たしい鳥たちを全滅させようとする動きもあったらしい。しかし、次のように警告もしている。

有効な調査は実施されていないようだ……確かに鳥たちは種子をばらまくかもしれないが、彼らには他に役立つ面があり、それによって罪は相殺される。鳥たちよりも、ウシやウマのほうがずっと重要な仲介者であることはほぼ間違いない。[15]

しかしこの警告は聞き流されてしまったようだ。数百万羽のエミューその他の鳥が計画的に駆除された。地方政府がかなりの報奨金を出して奨励したためだ。

ウチワサボテンを撲滅すべく、多くの方法とさまざまなアイデアが試された。1912年にはウチワサボテン・デストロイヤーという機械に特許が認められている。サボテンが再生しないよう、葉状茎を破砕する機械だ。特許状には次のように記されている。

モーターで動く機械。まず水平および垂直に回転する刃がサボテンを切断し、それを樋で桶に送り込む。桶にも固定された回転刃があり、さらに塊を破砕する。破砕片は回転刃前方の地面に排出され、最後に土にすき込まれる。[16]

残念ながら、こういった機械はごく平坦な農地でしか使えず、傾斜地や岩の多い土地には向かない。そういった場所にこそウチワサボテンは生い茂っていたのだが。1903年、インドのコチニールカイガラムシ(学名 *D. ceylonicus*)が持ち込まれた。こういった寄生性昆虫によって蔓延を食い止められるのではないかと期待してのことである。しかしこの虫はさして役に立たなかったようで、あっという間に全滅した。これらの虫は計画的に繰り返し持ち込む必要があるが、あまり侵略的でないオプンティア・モナカンサ(学名 *O. monacantha*)の成長を遅らせる程度のことしかできなかったようだ。実際、他の種には何の効果もなかったと言っていいほどである。

この時点でほとんどの人間は「ウチワサボテン」を始末すべき侵略者とみなしていたが、冷静に対処する者がいなかったわけではない。1912年にシドニーの新聞が書いているように、ウチワサボテンの有益な面に着目しようとする者もいたのである。

ウチワサボテンはよい飼料になる――とはよく言われることだ。ウチワサボテンが多く生えている地域ではしばらくウシに水をやらなくても大丈夫だと言う人もいる。先週イプスウィッチの肉屋に吊るされていた牝牛の肉は大きな注目を浴びたようだ。たっぷりの脂肪で覆われていたのだが、この牛は半年間一滴も水を飲まなかったにもかかわらず元気だったという……もし本当なら、ウチワサボテンの蔓延を抑えようとしている政府その他の人々にとって、これはむしろ明るいニュースだ。この噂の植物には非常に多くの用途があり、非常に多くの貴重な特性がある。どうしてこれほどまでにこの資源を無駄にするのか、なぜそんなにこの非常に貴重な「厄介者」が広がるのを気に病むのか、不思議でたまらない。[17]

しかし多くの人々はウチワサボテンに反感を抱き続けた。さまざまな毒が開発されては試され、結局、非常に毒性の強い五酸化ヒ素にいくらかの効果が認められた。しかしこれは非常に危険な物質であるうえ、繰り返し使用しなければならない。最初は巨大なタンクで薬剤を沸騰させ、群生するサボテンに蒸気を散布した。だが、この方法では効果が薄いことが判明した。作業に当たる者や近くにいる者にもひどく有害だったに違いない。その後、噴霧や注入といった、もっと的を絞った（そしてずっと効果的な）方法が採用された。

国と地方政府は「有害サボテン」との戦いに積極的に関与していたが、1920年、オーストラリア連邦政府は連邦ウチワサボテン委員会を組織し、この植物を全滅させるためにさらに多くの方法を試すことにした。やがて委員会の主たる努力は生物防除［生物を使って他の生物を制御する方法］

Filling a machine with arsenious trichloride.
The gas spreading over prickly pear.

毒物であるヒ素を沸騰させてウチワサボテンを根絶やしにしようという試み。オーストラリア、1915年頃。

に向けられ、何度もテストを繰り返したのち、サボテンガという蛾の幼虫がもっとも期待できるとわかった。南米原産のこのガは、オプンティア属の葉状茎に卵を産みつける。幼虫はサボテンを内側から貪り食い、植物全体を枯らすことができる。飢えさせた虫が野生のサボテンを食べるかどうかを観察するなど、研究所で入念にテストしたのち、大量の幼虫が輸入された。

　まず１９２５年に、約３０００匹の幼虫がアルゼンチンからオーストラリアまで船で運ばれた。これを１年で２５０万匹に増やし、幼虫を最初に放したあと、繁殖計画は本格的に続けられた。ウチワサボテンがひどくはびこった土地では１ヘクタール全滅させるのに約２５００万匹の幼虫が必要だとわかった。巨大プロジェクトになることが予想され、最初の４年で約27億個の卵が被害地域全域にばらまかれた。努力の甲斐あって、１９３４年には蔓延していたウチワサボテンの約90パーセントが駆除された。このめざましい成果のおかげで、農家や牧畜業者は失った土地の多くを取り戻すことができた。[18]

　しばらくの間、サボテンガはオーストラリアでのウチワサボテンの広がりを縮小し続けた。しかし長期的には特記すべきほどの効果は上げられていない。残念なことに、このガはすべての侵略的なサボテンに有効だったわけではなく、近年では影響を受けない種が広がり始めている。また、このガは比較的寒冷な気候では活動が鈍るため、オーストラリアの涼しい地域ではウチワサボテンの侵略的増殖が続いている。

　このサボテンガの物語はオーストラリアで終わったわけではない。故郷アルゼンチンではこのガはごく一部の地域にしか生息していないが、アルゼンチンと違って捕食者のいない温暖な地域に導入されると、非常によく増える傾向がある。サボテンガはオーストラリア以外の多くの国に持ち込まれた。１９３３年から41年にかけて、南アフリカでもオプンティア問題に対処するため、棒状につらなった卵５億８０００万本がばらまかれた。ただしその効果はオーストラリアほど劇的ではなかった。その後つい１９８８年まで、センニンサボテンを制圧する助けにと、限られた数の卵がクルーガー国立公園にばらまかれたが、またも限定的な成果しか得られていない。[19]

サボテンガはオプンティア属制圧のために、１９５０年にハワイに、１９５７年にはカリブ海のリーワード諸島に、１９６２年にアンティグア島に、１９７０年にはグランド・ケイマン島に導入された。[20] その後もキューバをはじめとする多くの近隣の島国に広がっている。そして１９８９年にはフロリダに、そしてその後合衆国南東部の近隣の州の多くに広がったという。とくに合衆国では、絶滅危機にある多くの在来種のサボテンへの影響が懸念されている。

もっと最近の２００６年、メキシコ本土からほど近いいくつかの島々でもこのガが確認されている。急ぎ封じ込め撲滅する措置が取られたため、まだメキシコ本土では大きな被害は確認されていない。メキシコ当局はこのガに強い懸念を抱いていた。というのも、メキシコにはウチワサボテンのオプンティア・フィクス＝インディカ（学名 *O. ficus-indica*）［通称 オオガタホウケン／大型宝剣］——この地ではノパルと呼ばれ、食用となる——の大農園が多数あり、サボテンガがこのサボテンに害をおよぼすと予想したからだ。また、北部のソノラ砂漠に広がれば、アメリカとの国境地帯に生息する多くの在来種のサボテンが被害を受ける。ノパルの商業生産を始める国が増えるにつれ、ガの幼虫が知らないうちに紛れ込んで生産に悪影響をおよぼす恐れは世界的に高まっている。

通り沿いに作られたサボテンの生け垣。メキシコ、1892年。

◉サボテンの生け垣

サボテンは非常に効果的な防壁となる。サボテンでできた塀や生け垣にあえて昇ろうとする人間はいないだろう——実際にはほとんど肉体的に危険がないとしても。大きなサボテンに触れると考えただけでも、十分な抑止力となるはずだ。

何世紀もの間、メキシコや南米の背の高い柱サボテンは、めずらしい「生きた塀」を作るのに使われてきた。オルガンパイプカクタス（学名 *Stenocereus thurberi*）［通称ダイオウカク／大王閣］とパキケレウス属（*Pachycereus*）のいくつかの種は、侵入不可能といっていいほどのみごとな塀を作れるため、とくに人気がある。野生では、こういった種類のサボテンは並んで生えるのが普通で、ぴったり寄り添って繁茂しているようにすら思える。栽培種はとても育てやすく、並べて植えればきちんとした頑丈な防壁になる。

生け垣にするのは比較的簡単だ。成長したサボテンからある程度の長さを何本か切り取り、2週間切り口を乾かしてから、ぴったり並べて地面に直接挿す（挿し木）。サボテンはすぐに根を張り、たちまちのうちに成長し始める。このような生け垣は高さ数メートルにも達し、今もメキシコの多くの地域で見られる。オアハカの民族植物園にあるものはとても美しい。こういった柱サボテンからとった木材は、昔ながらの――生け垣ではない――木の塀にも使われている。

おそらくもっとも悪名高いサボテンの生け垣は、キューバのグァンタナモ米軍基地の境界に植えられたウチワサボテンだろう。キューバ革命から数年後、冷戦の激化していた1962年にキューバ政府は人の通行を阻むため、そしてしだいに関係の悪化していた米軍基地からの侵入を防ぐため、一面にサボテンを植えた。その結果、基地の境界部分に長さ13キロ、幅3メートルにわたるサボテンの壁ができた。冷戦時代のソ連の「鉄のカーテン」をもじって、アメリカのジャーナリストたちはこの防壁を「サボテンのカーテン」と呼んだ。ライフ誌はこの領域にびっしりと植えられた「残虐な大きな針のサボテン」についてくわしく報じている[21]。

サボテンの生け垣は一種の抑止手段ではあるものの、実際には視覚的に恐ろしい印象を与えていたにすぎない。真に抑止力となったのは、両国がこの領域に埋めた何千もの地雷である。こちらは紛れもなく命を奪うことが目的だった。ある作家は「痛そうなサボテンに注意を向けさせることによって、合衆国のメディアはそれよりもはるかに危険な地雷原に大衆の想像がおよばないようにした」と書いている[22]。

サボテンの生け垣はじっとして動かず、わざわざ私たちを襲ってくることはないのだが、ジャン

ショウラン。合衆国南西部原産。

ピング・チョーヤ（学名 *Cylindropuntia bigelovii*）［通称ショウラン／松嵐］と呼ばれるサボテンは非常に攻撃的だと言われる。「ジャンピング」と呼ばれるのは、まるで獲物に飛びかかってくるかのように見えるからだ。1930年代に出版されたサボテンに関するある本では、ショウランについて的確な言葉で形容している。

> ショウランの棘はレコード針となって美しいハーモニーを届けてくれるわけではないし、かといって砂漠を横断する物知らずな旅行者を歓迎してくれるわけでもない。というのも、びっしり生えたショウランの棘は、サボテンの棘のなかでもっとも油断ならない危険な性質を持っているからだ。頑丈で鋭く、恐ろしく反り返った釘でできた危険な要塞なのだ。不注意なよそ者が恐ろしいショウランの剣にうっかり突き刺されたら、それは災難としか言いようがない！[23]

もちろんショウランも堅固な防護壁を作るために植えられた。まさによじ登って侵入する気にはなれない植物だからである。ウチワサボテンや他の近縁種のオプンティア属と同じく、多くは落ちた切片が根を張って成長し、新たな株となって増殖していく。ショウランの茎節《けいせつ》は簡単にはずれる。棘についたかえしが引っかかりやすいので、細心の注意を払っていても通行人に突き刺さってしまうことがある。ほんの少し触れるかかすめるだけで、ひとつもしくは複数の棘に覆われた茎節がはずれ、服や毛皮や皮膚に突き刺さるのだ。棘だらけであるがゆえに、最終的に落ちて新たな芽を出す前に、人間や動物によってはるか遠くに運ばれるのである。棘はサボテンが身を守るための単なる防具だと私たちは思いがちだが、ショウランの棘にはもっと重要な機能がある——繁殖だ。

ショウランの本来の生息地はアメリカ南西部やメキシコ北部の砂漠だ。バックパッカーやマウンテンバイカーはこういった地域を旅する際に不運にもショウランの生息地に迷い込んで、頭からつま先まで棘だらけの茎節にまみれてしまうことがある。犠牲者のなかには、応急処置や入院が必要になる者もいる。茎節を除去するのはきわめて困難だ。棘が皮膚に深く突き刺さり、ひどく痛むからだ（血まみれにもなる）。棘にはかえしがついているから、素手で茎節を取り除くのは無謀というものだ。取り除くにはトングと目の粗い櫛が有効とされ、残った棘は手やピンセットで引き抜く必要がある。

一般にホースクリップラー［「馬の足を不自由にする」の意］（学名 *Echinocactus texensis*）［通称 アヤナミ／綾波］と呼ばれるサボテンは小さくて丈も低いが、その棘は非常に貫通性が高い。その名のとおり、ウマやウシのひづめを突き通すことができ、人の履く靴や長靴も貫通してひどい怪我を負

アヤナミ

わせる。恐ろしいのは棘だけではない。茎が硬く、踏みつけるくらいでは折れない。[24] 多くのウシやウマがこのサボテンで怪我を負い、牧場経営者やカウボーイを嘆かせている。

20世紀初頭にアリゾナ州やテキサス州の一部では鉄道産業がこのサボテンの破壊力に目をつけ、自然で低コストな家畜防止柵として利用している。家畜防止柵は、ウシやその他の草食動物が道路や線路や、塀を建てられない場所を横切らないようにするためのものだ。ウシはサボテンに近寄ってはならないとすぐに学習することから、この柵が有効だとされた。次に引用するのは、こういった「サボテンの家畜防護柵」の初期の取り組みについて述べた１９１４年の記事である。

防護柵の第1号が約半年前に設置されて以来、そうした場所を横断したり興味を示し

シンガポール植物園のウチワサボテンにきざまれた落書き

たりする動物はいなくなったという。線路沿いの一部に小さなサボテンが大量に植えられているだけなのだが、その棘はウマやウシがよく知っているものだからだ。ウマはガラガラヘビに尻込みするのと同じように、このサボテンのある場所を避けると言われる。このサボテンは非常に寿命が長いそうだが、柵の材料ならまわりにいくらでもあるので、必要ならば新品にするのは難しいことではない。ただし普通の長靴や靴では棘が貫通するので、従業員が横切れるよう防護柵の下側の桟に沿って木材を置いておかねばならない[25]。

◉サボテンに落書き

ウチワサボテンが植えられている公園や植物園に行くとおそらく目にするのが、葉状茎にきざまれた名前やメッセージだ。こういった奇抜な落書きは世界のあちこちに見られ、人はじつに思いがけない場所で落書きを見つけることになる。たとえばシンガポール——落書きのない都市として有名だ——の植物園にあるオプンティア属は、一時期は落書きだらけだった。

サボテンへの落書きは、世界じゅうで長年にわたり続けられてきたようだ。もう1世紀以上も前から人々がサボテンに落書きを彫りつけてきた証拠がある。1883年にある雑誌に掲載された挿絵に、いくつもの落書きで覆われたサボテンが描かれている。南アフリカの大きなウチワサボテンの茂みの前にカップルが立っており、男が葉状茎に何やら彫りつけている。おそらく自分の名前か、あるいは相手の女性への愛の言葉だろう。キャプションにはこうある。「喜望峰に自分の名刺を残すひとつの方法」。

この広く行われてきた習慣は、ひょっとしたら人間がこの植物に抱いている態度を表現したものかもしれない。多くの人々はサボテンを雑草とみなしてきたが、何かを彫りつけることでもっと美しくなる面白い彫刻作品と考えている人間もいるのである。ウチワサボテンにとっては不運なことだが、「サボテンへの落書き」はとても簡単だ。スプレーペイントもマーカーペンも必要ない。木の幹とは違って、オプンティアに彫刻を施すのはたやすい——爪かつまようじがあればよい。ひっかいた傷は瞬く間に少し盛り上がった太い線となって残り、何十年も消えない。他の落書きと同様に、単なる文字にとどまらず、人間や動物の姿を詳細に表現したものや複雑な図形やデザインも見られる。

ウチワサボテンへの落書き。ザ・グラフィック紙より。1883年。

第3章　美しいサボテン、不快なサボテン

ペルー山中では数千年前にさかのぼるサボテンの絵が見つかっている。チャビン遺跡の神殿跡で発見された大きな石（紀元前1300年のもの）に、彫刻とともにサンペドロ（学名 *Echinopsis pachanoi* または *Trichocereus pachanoi*）［通称 タモンチュウ／多門柱］への賛辞が記されているのだ。[1] サボテンはその後のペルーの文化によく登場するモチーフで、それはモチェ文化（後1～800年）で数多く作られた陶器の形やタペストリーからも明らかだ。

装飾的な粘土の像から実用的なボウル、壺、その他の容器やつづれ織りの絨毯《じゅうたん》にいたるまで、その種類は多岐におよぶ。描かれているのはウチワサボテンや円柱形のタモンチュウが多い。こういった形について私たちがもっとも興味をそそられるのは、どれほどうまく様式化されているかだ。当時の芸術家たちはサボテンのまさに本質――その形と対称性をとらえると同時に、独特な様式化を図ることに成功している。そしてこの様式は何百年ものあいだ変化しなかった。

ヨーロッパ人もサボテンを「発見」すると、絵画や挿絵で表現するようになった。1535年、

定型化された鳥とサボテン。ペルー、前2世紀。陶器、着色。

歴史家のゴンサロ・フェルナンデス・デ・オビエド・イ・ヴァルデスの著書『ラス・インディアスの一般史と自然史 *Historia general y natural de las Indias*』にサボテンの絵が載っているが、印刷されたサボテンの絵はこれが最初と考えられる。1514年初めにサント・ドミンゴへ旅した際の経験をもとに書かれた本だ。サボテンを描いた初期の多くの挿絵画家と同様に、オビエドもこの奇妙で新しい幾何学的な形を正確に描くのに手こずったようだ。描かれたサボテンはいささかのっぺりし、圧縮され、簡略化されている。[2] その後数十年にわたりヨーロッパ人が地球を探検し続けた結果、様式化されたサボテンの絵を載せた多くの「旅行」記が出版されることになる。

16世紀末には南北アメリカで伝道していたスペインの聖職者が、アステカをはじめとするコロンブス以前の文明がどのようなものだったかを記録に残そうと、挿絵入りの写本を制作し始めた。典型的な写本には、こういった文化とサボテンとのかかわりについて描いた挿絵が載せられた。ウチワサボテンについたコチニールカイガラムシを養殖する、サボテンを育てて実を食べる、サボテンを生贄の儀式に使う、といったようすが描かれている。しかしこのような挿絵はサボテンを正確に描写することが目的ではなく、コロンブス以前の文化を記録するのが主眼であるため、描かれたサボテンは大ざっぱで、どの種なのか特定できない。

同じ頃ヨーロッパ全域で、薬や「植物学者」の本が数多く刊行された。薬効があったり健康回復や美食に役立ったりするさまざまな植物について挿絵入りで詳述したものだ。1598年にイギリスの有名な医師であるジョン・ジェラルドが書いた本にはサボテンの絵が何点か添えられている。しかしそれまでの多くの本と同じく、植物学的にはあまり正確でなく、サボテンのどのような点が健康に役立つかを概括するものだった。ときにはあまりに大ざっぱすぎて、どの種について説明しているのかほとんどわからない場合すらある。たとえば16世紀末のある本の挿絵では、丈の高いケレウス属の柱サボテンにウチワサボテンの葉状茎がついていたりする。ただし、サボテンの絵を描き出版していたのがヨーロッパ人だけではない点は注目に値する。1688年には中国の、1710年には日本の印刷物にサボテンが登場している。[3]

18世紀にはさらに進歩した「植物学的な」挿絵がヨーロッパから現れ始め、サボテンのかなり正確な姿が世界に示されるようになった。1716年、イギリスの植物学者リチャード・ブラッドリーは非常に重要な著作、『多肉植物の歴史 *Historia plantarum succulentarum*』を出版している。これはサボテンと多肉植物に特化した最初期の出版物のひとつで、詳細なサボテンの絵が何点か収められている。

植物学者で昆虫学者のウィリアム・カーティスはカーティス・ボタニカル・マガジンの創刊者兼編集者でもあった（1787年にロンドンで刊行開始）。植物や植物学に関する話題を広範に扱う、現在も発行され続けているこの雑誌は、サボテンの驚くほど美しいカラーの図版を定期的に掲載した。広く販売されたおかげで、これらは当時もっとも広まったサボテンの絵だったと言えよう。

欧州大陸では薬剤師のヨハン・ヴィルヘルム・ヴァインマンが『薬用植物図譜 *Phytanthoza iconographia*』（1737〜45年）を出版している。これには画家ゲオルク・ディオニシウス・エーレットとヨハン・ヤコブ・ハイドによるサボテンの絵が多数収められている。鮮やかに彩色され、かなり細部まで描かれた挿絵は高い人気を得た。

カーティス・ボタニカル・マガジンより。1838年。

エピフィルム属（*Epiphyllum*）。A・P・ドゥ・カンドール『サボテン科概説 *Revue de la famille des cactées*』図版14（1829年）。

アストロフィトゥム属（*Astrophytum*）、シャルル・アントワーヌ・ルメール著『サボテン図 *Iconographie descriptive cactées*』（1847年）より。挿画はジャン・クリストフ・ハイランドによる。

18世紀から19世紀にかけてヨーロッパには何百人もの植物画家がいたものの、サボテンを三次元的に描くのが達者だったり、あるいは多くの種に固有な複雑な対称性を把握できたりした画家は比較的少ない。スイスの画家ジャン＝クリストフ・ハイランドはサボテンの寸法の特性を非常によく理解していたようだ。彼の植物画はフランスの植物学者シャルル・アントワーヌ・ルメールによるテキストや、オーギュスト・ピラムス・ド・カンドルの『サボテンの種にまつわる回想録 *Mémoire sur quelques espèces de cactées*』（1834年）にも数多く見られる。

19世紀のアメリカでは、植物学者ジョージ・エンゲルマンがサボテンについてもっとも評価されていた画家である。彼の作品はさまざまな政府刊行物に掲載された。彼は合衆国国境委員会の一員でもあり、1849年から57年に合衆国とメキシコの国境を旅し、在来種の植物と地勢について記録している。この調査旅行をもとにエンゲルマンは1859年、『メキシコ国境のサボテン *Cactaceae of the Mexican Boundary*』を出版した。この本にはもっとも高評価を博した、サワロ（学名 *Carnegiea gigantea*）［通称 ベンケイチュウ／弁慶柱］とソノラ砂漠の他の在来種のサボテンの絵が収められている。

20世紀になると、ナサニエル・ブリトン（ニューヨーク植物園の設立者のひとり）とジョセフ・ネルソン・ローズがサボテンに関する革新的な4巻本『サボテン *The Cactaceae*』（1919〜23年）を出版した。この重要な出版物はその後何十年にもわたりサボテンに関するもっとも包括的な情報源とされた。この本にはイギリスの画家メアリー・エミリー・イートンによるみごとな、多くはカラーの挿絵が数百点収められている。ブリトンとローズのテキストはイートンのサボテンの絵とともに広く参照された。

初期の多くの植物画家は、細部まで正確に描こうと懸命に努力したものの、ときには重要な誤りを犯すこともあった。野外での大ざっぱなスケッチをもとに描いたため、またはしぼんでいたり枯れていたりしたサボテンを見て描いたため誤りを犯した可能性は考えられる。あるいはそのもっとも重要な特徴が不注意から割愛されたこともあるかもしれない。

著しい例は、1830年頃の多色石版刷りのメロカクトゥス属（*Melocactus*）の絵に見られる。植物学者で名高い挿絵画家でもあるジャン＝テオドール・デクルタルが、父ミシェル＝エティエンヌ・デクルタルの植物学のテキスト『アンティル諸島の絵のように美しい薬用植物 *Flore pittoresque et medicale des Antilles*』に描いたものだ。キャプションには「ルージュカクタス」と書かれ、植物全体が明るい赤で塗られている。多くのメロカクトゥス属の頭頂部（花座）は赤くなるのが普通だが、光合成を行う基部はつねに緑色だ。明らかに挿絵画家は少々色を塗りすぎている。植物学的に不正確なばかりか、驚くほど非現実的な絵だ。

ベンケイチュウのようないくつかのサボテンは、その巨大さで名高い。画家たちが絵のなかに人間を描き入れたのは、威風堂々たるサボテンの姿を強調するためだったのだろう。普通はかなり正確な比率で描かれたが、人間の配置の仕方がまずくてサボテンが実際よりもずっと大きく見える絵もある。

19世紀半ばには、風景画にサボテンが登場するのはかなり一般的になっていた。ソノラ砂漠のもっとも有名な絵といえば、アメリカ人画家ヘンリー・チーヴァー・プラットによる『ヒラ川近くのマ

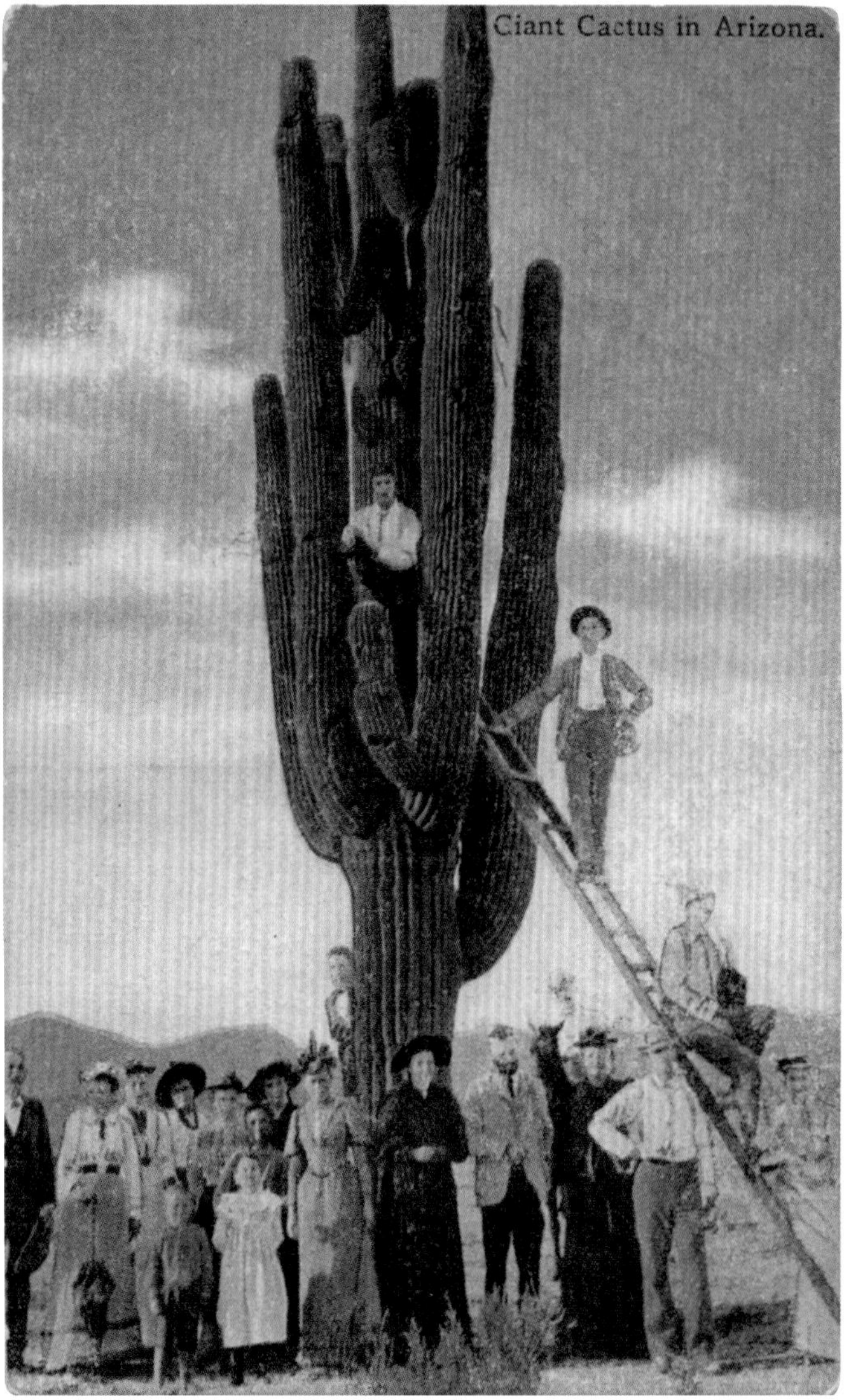
Ciant Cactus in Arizona.

巨大なサボテンを描いた絵葉書。1900年頃。

ヘンリー・チーヴァー・プラット『ヒラ川近くのマリコパ山からの眺め』（1855年）。油彩、カンヴァス。

リコパ山からの眺め』（１８５５年）だろう。アメリカ南西部の広大な砂漠を背景にベンケイチュウを緻密に描いた絵だ。背景は画家自身の観察をもとに描かれたが、サボテンは植物画家ジョン・ラッセル・バートレットのスケッチからの模写である。プラットが初めて他の作品数点とともにこの絵を展示した際、人々はそのサボテンの突飛さにびっくりした。ある批評家は次のように述べている。

これらの絵には、奇妙きてれつ、かつきわめて巨大なものが自然の産物として描かれている。こういった植物が実在するという主張が信憑性を得られるためには、高潔な人物の証言がなければならない。[4]

プラットの描写はおおむね正確だが、細部までどれほど写実的に描いても、当時の人々にはこの

ロバート・ジュリアン・オンダードンク『花咲くサボテン』。1915年、油彩、カンヴァス。

ような姿は異質で偽物くさく見えただろう。ひょっとしたら、サボテンがなければごく普通の砂漠の風景なのに、なまじサボテンの独特な姿を目立つように配置したために、その信憑性が疑問視されたのかもしれない。サボテンの構造には少々不自然な部分もあるが、ベンケイチュウの芽や花や実のさまざまなようすを、鮮やかな色彩で正確に描写している。また、めったに見られない非常に背の高いサボテンの頂部を、俯瞰的に見せることにも成功している。

これに対してアメリカ人画家ロバート・ジュリアン・オンダードンクの『花咲くサボテン』（1915年）は、まったく異なるアプローチでサボテンを描いた作品だ。プラットのサボテンとは異なり、この絵はサボテン（ウチワサボテン）を風景一杯に盛り込もうとしている。ただしサボテンは絵の中心的なモチーフではあるものの、けっして風景を支配してはいない。オンダードンクは周囲とのバランスを入念に気遣い、印象派の技法を使って画面全体の光、色、形を効果的にまとめあげた。それゆえサボテンは背景におしやられているわけでもないのに、風景に自然に溶け込んでいる。

ヨーロッパの多くの視覚芸術家も、作品のなかでサボテンを繰り返し描写している。とくに1920年代に活動したドイツの新即物主義［第1次世界大戦後に起きた美術運動。克明な形態描写と社会批判的なシニシズムが特徴］の画家集団は、静物画に鉢植えのサボテンをモチーフとして取り入れた。フリッツ・バーマン、ゲオルク・シュルツ、エバーハルト・フィーゲナーといった画家たちは、サボテンの彫刻的な形を日常の家庭用品のようなものと考えた。台所用品やかなづちや照明器具と同等に考えたのである。彼らの静物画は、無生物でもなければ有機的な生命体でもない複雑な個性をサボテンに与えている。[5]

◉現代の芸術家たち

今日活動している芸術家たちの多くもサボテンを作品に採り入れている。なかにはサボテンの特質をとらえると同時に、サボテンに対する人々の認識に一石を投じた者もいる。

アメリカ人画家シャロン・ウィーサーはユニークなアプローチでサボテンを描写している。彼女の絵の多くには特徴的な形をしたさまざまな種類の大型サボテンが所狭しと並んでいるが、各サボテンの大きさの比率は実際とは異なる場合が多い。その結果、サボテンが驚くほど画面いっぱいに詰まった絵が生まれた。まるでそれぞれが都市の雑踏の一員であるかのように見える。サボテンは

シャロン・ウィーサー『砂漠のブティック』。2010年、油彩、カンヴァス。

本来非常に静かな雰囲気を醸し出す植物だが、ウィーサーのサボテンは活発だ。ひょっとしたら、過密状態のなかを倒れないように押し合いへし合いしながら格闘しているのかもしれない。

彼女の絵でもうひとつ印象的なのは、ユニークな色の使い方である。「サボテンは緑色」というありきたりな思い込みは存在しない。そこにあるのは、さまざまな色の光の万華鏡が画面を照らしているかのような無限の色づかいである。彼女は自然光の特質を正確に理解しているのはもちろんだが、あえてそれを覆し、多様で鮮やかに彩られたサボテンの驚くべき光景を作り上げたのである。このような幻想的な表現は、現実世界のサボテンを単なる緑色をした棘だらけの物体の同質な集団と見るのではなく、微妙で多様で色鮮やかな植物の一族と認識しなおすよう、私たちにうながしているに違いない。

オーストラリアの画家ルーシー・カリトンはデザインセンスあふれる絵を描いている。彼女の作品は、入念に計算され反復的に配置された簡素な物体を主役に据えることが多い。彼女自身がサボテンの熱狂的な愛好家なので、絵の多くにサボテンのコレクションが登場する。サボテンの絵において、カリトンは「繰り返すもの」と「ひとつしかないもの」の微妙な差を探究することを大いに楽しんでいるようだ。たとえば、『サボテン』（２００４年）では、彼女はひとつひとつ円形の鉢に植えられた多くの球形のサボテンを配置し、それを上から見たようすを描いている。構図の主たる要素は円の繰り返しだが、それぞれの円のなかに描かれたサボテンの細部はひとつひとつ異なる。

彼女はまた、あるリトグラフの連作のために40以上の小さなサボテン――同一の四角い黒のプラスチック鉢に植えられている――を並べたが、それをお決まりの緑の色合いで描くのではなく、赤

ルーシー・カリトン『サボテン』。2004年、油彩、カンヴァス。

と白の縞の繰り返しパターンで彩った。一見したところでは同じに見えるかもしれないが、よくよく見れば広範なバリエーションがあるとわかる。同じ形を何度も繰り返すことで、サボテンの平凡な面と非凡な面の両方を強調しているのである。

スペインの芸術家ハビエル・マリスカルは巨大なステンレス鋼のウチワサボテン、『サボテン彫刻』（２００３年）を制作した。６メートルを超える高さで、表面が鏡になっており、あちこちから生きたウチワサボテンが生えている。彫刻はスペインのバレンシア工科大学の敷地内に立っていて、鏡には周囲の

ハビエル・マリスカル『サボテン彫刻』。2003年、高さ6メートル、ステンレス鋼と生きたオプンティア属。

都会のビルが映し出される。滑らかで光沢のある姿は、作品から生えている、そして作品の着想の源となった棘だらけのサボテンとの間に対比効果を生み出している。生きているサボテンと彫刻作品とのコントラストによって、「人工的なものと自然なものとの間にある葛藤」が生み出されているのだ。生きたサボテンは、「自分たちに取って代わることになったこの鋼のサボテンを支配しようと闘っている」[6]のだという。

『棘のないオプンティアの再軍備』（1999年）はアメリカ人芸術家、エイミー・W・ヤングスによるインスタレーション・アート「美術館や展示会場の空間を占める芸術の分野。空間も作品の一部となる」だ。台座

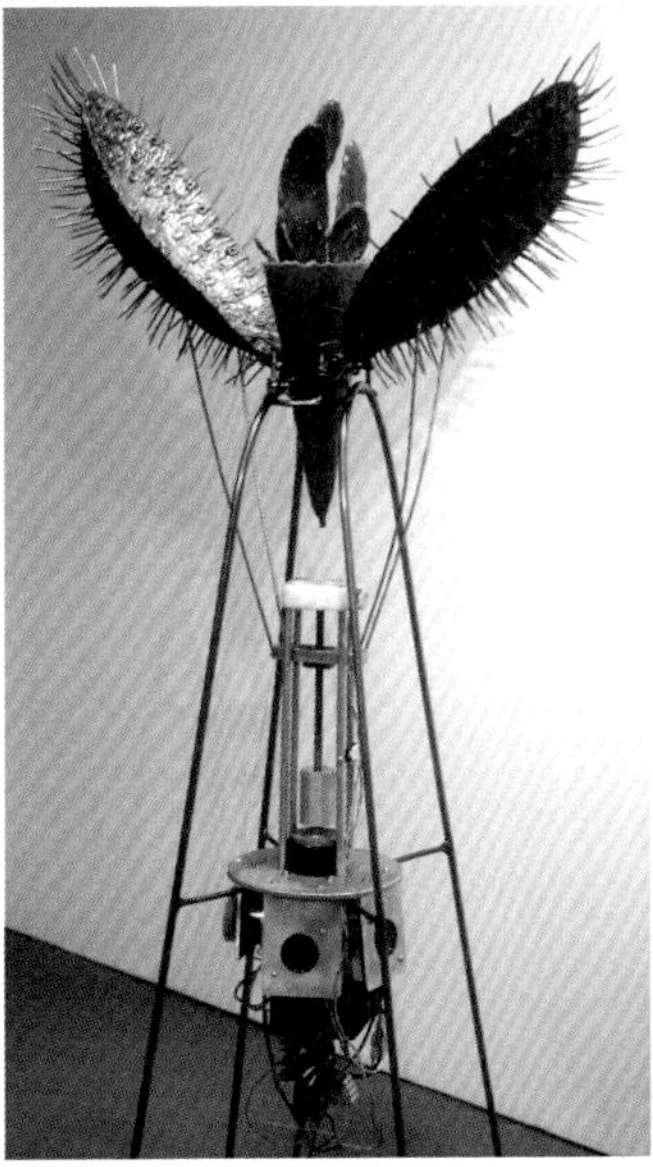

エイミー・W・ヤングス、『棘のないオプンティアの再軍備』、1999年。生きた棘なしウチワサボテン、モーター、銅、鋼、アルミニウム、ゴム、電気部品。

に載った鉢に、小さな棘のないウチワサボテンが植えられている。サボテンをかこむように鋼鉄製の兜のような電動装置が設置されており、この装置は自動で開閉し、植物を露出させたり隠したりする。超音波センサーにつながっていて、近くに誰もいないときには植物は露出したままだが、見物人が近づくとモーターが起動して鋼鉄の兜がぱたんと閉じられる。

オプンティア属（*Opuntia*）のさまざまな種は、当然さまざまな量の棘をつけている。しかし、長年におよぶ品種改良――もっとも注目すべき改良は21世紀への変わり目にルーサー・バーバンクによって行われた――の結果、棘のないオプンティアはもはや本来の鎧を持っていない。ヤングスはこう説明している。「この作品は、人間が作ったこの脆弱な創造物を守ってやりたいという衝動を具象化したものです」[7]。

つまり『棘のないオプンティアの再軍備』という作品は、サボテンを非常にすがすがしい、共感できるものと評価しているのである。その棘を、厄介なもの、人間への脅威とみなすのではなく、棘とは防御のための単なる付属物であり、サボテンはそれによって攻撃者から身を守っているだけなのだということを私たちに思い出させてくれる。棘は攻撃のための武器ではない――彼女はこのことを遊び心たっぷりに提示している。サボテンについて見すごされがちな視点を、そうやって示しているのだ。

●棘のある言葉

風変わりな反体制作家リチャード・ブローティガンは、諷刺の効いたコメディ『バビロンを夢見て――私立探偵小説1942年』〔藤本和子訳／新潮社／1978年〕のなかで、サボテンに特有の性質を引き合いに出しながら濃霧の恐ろしさを論じている。彼はある一節で、街に立ち込める濃霧があまりに危険なので、多くの濃霧同様、そのなかを車で走ることはできないと述べている。この特別な霧は普通の霧よりもさらにいっそう危険で、彼はそれを「サボテン霧と呼んでいる……これは鋭い棘があるので一番たちが悪い。そのなかを動きまわるのは、非常に危険な判断だ。その場にとどまり、霧が晴れるまで待つのが最上の方策だった」[8]。

事故に遭う危険があるので濃霧の際には運転を避けるべきだ、という良識ある助言はよく聞くが、これは霧そのものが危険なわけではない。霧が引き起こす視界不良が危険なのだ。物語のなかでブローティガンは、霧には本質的に脅威をもたらす性質があるとユーモラスに表現している。あらゆるもの、霧でさえもが、サボテンの棘をつけた侵略者に変わる可能性があるように思われる。

民俗学者で作家、「都市伝説」の専門家でもあるジャン・ハロルド・ブルンヴァンは、長く語り継がれてきた作り話を紹介している。ある女性がサボテンを購入して家に持ち帰り、自慢げにコーヒーテーブルに飾った。サボテンは棘に覆われていたが、この新参者の植物を彼女は自分の家にぴったりだと考え、しばしばその近くですごし、一風変わった美しさを称賛した。しかし、ある日サボテンは突然小きざみに震えたかと思うと、勝手に動きまわり始める。恐怖に襲われた女性は、役場に電話をかけた。サボテンが激しく震えていると説明すると、彼女はきっぱりとこう言われた。「サボテンから離れなさい。そしてすぐに家を出なさい」。しかし彼女が逃げ出す前にサボテンはものすごい勢いで爆発し、棘とともに、卵からかえった何千という毒蜘蛛が部屋じゅうに散らばった。そこでようやく、数匹のタランチュラがサボテンに卵を産みつけ、卵がいっせいにかえってサボテンの爆発を引き起こしたということがわかったのだ。[9]「トロイの木馬」を誇張したような物語である。この話のなかでサボテン――もともと脅威的な姿だが――は、より大きな脅威の運び手となっている。

サボテンにまつわる迷信、伝説、信仰はさまざまだ。植物学者ロイ・ヴィックリーの『植物伝承辞典 *Dictionary of Plant-lore*』によると、ハンガリーその他のヨーロッパの国々では、昔からサボテンは災難をもたらすと考えられてきた。しかし肯定的なものもある。たとえばイギリスの民話では、クリスマスの朝にサボテンに水をやると幸運がもたらされるという。[10]ブラジルでは、メロカクトゥス属のサボテンを自宅の屋根に投げて根づけば幸運が訪れ、魔女や大嵐といった凶事からも守られると一部で信じられている。[11] メキシコ北西部、ソノラ州のラ・アドゥアナには、おそらく世界でもっとも崇敬されているサボテンがある。この「聖なるサボテン」は歴史的なカトリック教会の石塀から生えている。高さ約3メートルで、250歳以上と考えられている。1730年代のあるとき石塀から芽吹き、その後まもなくサボテンの茎の間に聖母マリアの姿が現れたのだという。この物語のおかげで、何千人もの巡礼者（と旅行者）が毎年このサボテンを見にやってくる。[12]

サボテンをけなす風潮が広くあることで、興味深い慣用句が数多く生まれている。たとえば、なにかを「サボテンだ is cactus」というときには、それが死んでいたり終わっていたりするか、少なくとも乗り越えられない非常に絶望的な状況にあることを表す。別の慣用句、「サボテンのなかにいる out in the cactus」は、人が辺鄙なところ、文明から遠く離れた場所にいることを指す。[13]

◉カウボーイのサボテン

サボテンはアメリカ西部地方を象徴する重要なイメージのひとつとなってきた。西部をテーマにした本や映画には、必ずといっていいほどその背景にサボテンが登場する。こういった物語では、サボテンは舞台が特定の場所、つまりアメリカ南西部であることを知らせるだけでなく、物語の主人公たちが乗り越えるべき苦難や危険がいたるところにあることを示すのにも役立つ。

古典的な西部の作家ゼイン・グレイは『豪気堂々 *The Rainbow Trail*』（1915年）の主人公が、長い年月の砂漠暮らしでいかにたくましくなったかを記している。「砂漠はシェフォードを変えた。

サボテンを切っても実際には水は出てこない。1900年頃。

砂漠を構成するさまざまな要素が彼の筋肉と骨に、そしてまさに心臓のすみずみにまで入り込んだ。太陽、風、砂、寒気、嵐、空間、石、毒サボテン、激しい苦労、恐ろしい孤独[14]」。グレイはとくに「毒サボテン」を苦労の種のひとつとして挙げている。カウボーイはつねに毒を持つ敵と対決していたようだ。毒ヘビや毒サソリ、そして「インディアン」の放つ毒矢。これらの有毒な危険物と棘とが一緒くたにされて、サボテンは避けるべき邪魔物であるばかりか、非常に手強い敵と誤解されるようになった。グレイの別の小説『ネヴァダ男 *Nevada*』（1928年）では、きわめて危険なガンマン、シーダー・ハットを「地獄に落ちたサボテンとヨコバイガラガラヘビのような男」と形容している[15]。

しかしこれらの物語ではときおり、サボテンが砂漠の主人公の救い手にもなる。喉が渇いて死にかけた脱水症状の旅人が、水分をたっぷり含むサボテンによっていかに救われたか、という話が多い。死にかけた男は最後の力を振り絞ってサボテンをナイフで切り、なかに溜まっている冷たくてさわやかな水を飲む。残念ながら、こんな話はあり得ない。サボテンはこんなふうに液体を蓄えはしないからである。

多くのサボテンはその90から95パーセントが水分だが、それは粘液として蓄えられ、さらさらした液体の状態で取り出すことはできない。もちろん、純粋なおいしい水であるはずもない。ウチワサボテンやタマサボテンのように、食用になり、食べればある程度の水和物が取れるものもあるが、熟した実をいっぱいつけたサボテンに出会うほうがはるかによい。サボテンの実は間違いなく元気を回復させてくれるからだ。

◉サボテンの花

リチャード・フォーカードは『植物の伝承、伝説、詩 *Plant Lore, Legends and Lyrics*』（1892年）のなかで、サボテンのことをやや馬鹿にしている。「気味の悪いグロテスクな円柱で、茎には葉がついていない」と形容しているのだ。植物というよりはむしろ「腐ることのない彫像」に近いとも述べている。しかしフォーカードはひとつだけ譲歩している。多くの人と同様に「サボテンの花の鮮やかな色は、醜くて不格好な茎とは驚くほど対照的だ」と認めているのだ。[16] サボテンについてどう思っているかにかかわらず、ほぼ誰もがその鮮やかな花の美しさを高く評価する。サボテンの花はつねに驚きの対象であり、年季の入ったサボテン愛好家ですら、みごとな花が咲くと俄然「活気づく」。

おそらくもっともすばらしいサボテンの花は、夜に咲く「夜の女王」（学名 *Selenicereus grandiflo-*

rus）［通称 ダイリンチュウ／大輪柱］だろう。多くのサボテンがそうであるように、茎の細いこのつる性植物は分不相応と言っていいほどの大きな美しい花を咲かせる。花は美しい白で花長は30センチほどになる。おそらくすべてのサボテンの花のなかでいつまでも記憶に残る花、と言っても過言ではないだろう。非常に美化して語られることも多い。

この花を描いた絵画としては最初期のものとなるが、ロバート・ジョン・ソーントンの本『フローラの神殿 *The Temple of Flora*』（1807年）に収められた絵は有名かつすばらしい。花の絵はフィリップ・ライナグル、背景は風景画家エイブラハム・ペザーが担当した。最前面に大きな花が派手に描かれている。実際、花は画面いっぱいの大きさで、サボテンの細い茎がほんの一部、木の幹にからみついているのが見える。背景の満月はあたりを煌々《こうこう》と照らし、大きな時計塔がかなり遅い時刻、夜の12時2分を指している。このみごとな花は夜にしか咲かない。暖かな夏の夜の昔ながらの恋物語や月明かりのそぞろ歩きには欠かせない舞台装飾だ。そのふくいくたる香りと輝く白い姿は夜を支配するだけでなく、サボテンに対する人の考えをも変えてしまう。

じつはさまざまな夜咲きのサボテンが「夜の女王」の名で呼ばれている。そのひとつは夜咲きの柱サボテン、ペニオケレウス・グレッギイ（学名 *Peniocereus greggii*）だ。合衆国南西部が原産で、とくにアリゾナ州が有名だ。この花がとくに称賛されるのは、1年のほんのひと晩だけ花を咲かせ、ときには2年か3年に1度しか咲かないこともあるからだ。

合衆国のもっと暑い地域、とくにハワイでは、着生《ちゃくせい》サボテン、ヒロケレウス・ウンダトゥス（学名 *Hylocereus undatus*）——その実はドラゴンフルーツと呼ばれる——も夜の女王と呼ばれている。

フィリップ・ライナグル（花）とエイブラハム・ペザー（背景）、「夜咲きのサボテン」、ロバート・ジョン・ソーントン『フローラの神殿 *The Temple of Flora*』（1807年）より。

20世紀初頭から中頃にかけて、この花は島の観光産業促進にたびたび利用された。ハワイはカップル、とくに新婚カップル向けの観光地として売り込まれることが多く、この花のロマンティックな雰囲気は巧みに利用された。当然といえば当然だが、夜咲きのサボテンが多くの王道的ロマンス小説で大切な要素としてたびたび取り入れられるようになったのも、この頃である。

そしてロマンス界での地位をさらに確立すべく、これらの夜咲きの花のエッセンスを閉じ込めたと称する香水が数多く製造された。1940年代末には、香料製造者のハワード・K・フォンキャノンが「砂漠の香水」シリーズのひとつとしてサボテンの花の香水を開発している。もっとも人気が出た香りはミッドナイト・ケレウスだ。これらは当初ニューメキシコ州アルバカーキでしか手に入らなかったが、のちにもっと広く販売されるようになった。[17] 以来、クリスチャン・ディオール、プラダ、アエデス、デ・ヴェヌスタスなど、大手香水ブランドの多くが続き、独自のサボテン香水を売り出している。

●サボテンに座る

サボテンの棘をわけもなく怖がる人もいる。「サボテン恐怖症」と呼ばれる神経症だ。もっと大きな害をおよぼしうる植物が他にもたくさんあるのだが。たとえば、バラやブラックベリーの棘も刺されればかなり痛いし、ツタウルシは非常に刺激性が強い。トウダイグサのなかには、樹液にちょっと触れただけで激しい痛みと腫れと不快さをもたらすものもある。とはいえサボテンには、多くの人々に不安を抱かせる何かがある。とくに私たちが心配してしまうのは、サボテンに「座ってしま

The cactus looked so pretty,
The bull appeared so tame,
But since I've met the both of them
I'll never be the same.
C-104
© C. T. & CO.

アメリカ南西部の人気の絵葉書。1930年代。

うこと」、その結果棘が刺さってしまうこと、のように思われる。

多くの人は、ごく小さい頃からサボテンには用心しろと教えられる。たとえば、ドクター・スースが絵と文を書いた有名な絵本『ホップ・オン・ポップ *Hop on Pop*』にはパットと呼ばれるキャラクターが登場する。パットは妙なものに座るのが好きだ。野球のバットの上に座り、それからネコの上に座るが、誰もあまり気にしない。だが彼がサボテン（大きなウチワサボテン）の上に座ろうとすると、別の登場人物がパニック状態になって叫ぶ。「だめ！　パット、だめ！　その上に座らないで[18]」。しつこく注意されたのでパットはなんとかサボテンの上に座らずに済む。子供の読み手から見れば、彼は間一髪のところで悲惨な怪我を負わずに済んだということになる。

サボテンに座ってしまう不運は、数えきれないほどの絵葉書、漫画、ユーモラスな挿絵の題材となってきた。１８９０年代、アメリカ南西部のある典型的な面

「棘だらけの一対」、サボテンをモチーフにした椅子のセット。デザインはヴァレンティナ・ゴンザレス・ウォーラース。さまざまなデザインと形がある。

白絵葉書には、棘の生えたサボテンにお尻を刺された男性が描かれ、キャプションにはこう書かれている。「ここから動けなくなっちまった！」

　この広く定着したサボテン恐怖症を、1953年、革新的なクッション材の売り込みを図るノガタック・ケミカル・カンパニー（USラバー社の一部門）が、ユーモラスにひっくり返してみせた。カンパニーはクッション材を作るために「弾力性のあるサボテンの繊維」を混ぜたラテックス合成物を製造したのである（使用されたサボテンはおそらくケファロケレウス属 *Cephalocereus* かピロソケレウス属 *Pilosocereus* だ[19]）。広告キャンペーンに登場したのは、サボテンのたくさん生えた砂漠で気持ちよさそうにソファに座っているおしゃれな女性。添えられたコピーはこうだ。「サボテンに座ったことはありますか？　まさかと思うでしょうが……このレディが座っているのはまさにサボテンなのです……サボテンのクッションはこんなに快適！」

興味深いことに、サボテンの形をじつにスタイリッシュな椅子に変えたデザイナーがいる。メキシコの家具デザイナー、ヴァレンティナ・ゴンザレス・ウォーラースはウチワサボテンから着想を得た、大きな美しい椅子を製作した。「サボテンに座る」のを逆手に取って遊んでいるわけだ。椅子はさまざまなスタイルや形で作られ、サボテンの美的価値を増大させている。クッション部分からは人造のサボテンの棘が突き出している（やわらかくて痛くない繊維でできている）。ウォーラースはウチワサボテン（英語で prickly pear プリックリー・ペア）をもじって、2脚の椅子を「棘だらけの一対《プリックリー・ペア》」と呼んでいる。メキシコシティとロンドンで作られているこの椅子は、非常に簡略化されてはいるが楕円形がつながったデザインなので、ウチワサボテンの葉状茎《ようじょうけい》だとすぐにわかる。

●サボテングッズ

20世紀以降、サボテンをモチーフにしたグッズはきわめて大量に作られてきた。安価なみやげものもあれば、日常の生活用品や、デザイナーによる高価な製品もある。表現の仕方も、ある程度抽象化されたものから非常にリアルなものまでさまざまだ。おそらくもっとも古く、もっとも一般的

昔の、そして現代のサボテンをモチーフにした装飾品。

セラミック製サボテン・ランプ

な大量生産のサボテングッズは、19世紀末に登場したものだろう。昔ながらの食器類が多く、サボテンの花、とくに大きな夜咲きのサボテンの花があしらわれていたりした。20世紀初めには、装飾的かつ実用的なサボテングッズが台所用品を中心に数多く現れ始めた。サボテンをあしらった数えきれないほどの銀器、布巾、鍋つかみ、サボテン型の塩コショウ入れ、ろうそく、ビスケットの抜き型、ケーキの焼き型、クッキー瓶、ティーポット、カップ、鉢などが当たり前に使われるようになった。

数十年間にわたり多くのアイテムが製造されたおかげで、ますます多くの人々がサボテンを知るようになり、表現方法もしだいに洗練されていった。もっとも興味をそそるのは、いかにもサボテンらしい特徴を遊び心たっぷりで覆すものだ。たとえば、かなり意外な方法でサボテンの棘と「接する」ようユーザーにうながすものが多い。

例を挙げると、人気のサボテン型のペンは、ユーザーがサボテンの「とげとげの」部分——実際にはやわらかくてぐにゃぐにゃした素材でできている——を持たなければ書けない。大胆な形をしたあるベンケイチュウ型セラミックランプは、本体は白い植木鉢にはめ込まれているが、その「棘」は光によって作られる。サボテン形ランプの表面全体に、なかから光を通すように小さな穴が開いているのだ。ランプを点灯すると、この穴から光が発せられ、突き出た光線が「棘」になって輝く。

サボテン型のつまようじ立てや針山、などというものも売られている。これを正しく使うためには、ユーザーはまずつまようじをつまようじ立てに突き刺すか、サボテン型の針山に針を突き刺さなければならない。「棘」を刺すことで初めて、それは使用上の目的にかなうとともに、完全なサ

サボテンをモチーフにしたペン（大）と消しゴム（小）

サボテンが印刷されたトイレットペーパー

ボテンになることができる。

サボテンをあしらったトイレットペーパーもあり、カラフルなサボテンの絵が描かれている。もちろん、サボテンの棘が使う人のお尻に刺さる恐怖心（あるいは少なくとも嫌悪感）をあおることが目的だ。普通のトイレットペーパーはやわらかで贅沢なものだと宣伝するものだが、その常識をひっくり返すアイデアはなかなか奇抜だ。

第4章　ほとんど人間——擬人化されたサボテン

私たちはみな、漫画のような姿をしたサボテン、つまり意味ありげな顔や高く掲げた「腕」を持つサボテンに慣れている。19世紀以降、サボテンは絵や彫刻から漫画やアニメーションにいたるまで、明らかに人間のような特徴を持つものとして表現されることが多くなってきた。

人間は対象をつい擬人化してしまう、あるいは人間の特徴を加えてしまう傾向がある。とくに視覚芸術ではそうだ。そのように擬人化されたものや動物は数えきれないほど存在する。連載漫画『ピーナッツ』に登場する明らかに人間くさい犬のスヌーピーしかり、元気いっぱいのドナルド・ダックしかり、人間の顔をした機関車トーマスしかりである。理論家でアニメーション学の教授であるポール・ウェルズによると、私たちは自分たちとはまったく異なるものや生物にかこまれて生きているが、視覚芸術を通じて彼らをより近づきやすいものに変えられるのだという。「そういった物質や自然の産物に人間の特質を加えて親しみやすくすればよいのだ」[1]。人間以外の生き物（植物や動物）を視覚的に擬人化すれば、生物学的な違いを創造的に乗り越えるまたとない機会が得られる。

陶器のサボテン人形

他の生命体との共通点を理解する助けにもなる。

　概して植物、とくにサボテンは、私たちにとって興味深い存在だ。植物が生きているのは百も承知だが、彼らは人間や動物に比べれば「生命感」に欠ける。私たちは頭では植物が「生きている」とわかっているのだが、外見上は彼らは自分ではまったく動かないように見える。ハエジゴクなどいくつかの例外は除き、彼らの動きは私たちの目にはほとんど見えない。実際、多くのサボテンは、生きているもの、ましてや成長したり動いたりするものというよりは、彫刻に近い。しかし数週間ほど間隔をあけて見にいくと、背が少し高くなっていたり、新しい枝が育っていたり、新しい花が咲いていたりするのに驚く。動きや成長は紛れもなく起こっている。その瞬間を動きとして目撃することはできないが、私たちは自分の目に見えるよりもっと多くのことが植物の内部で起こっていると理解している。

　植物に関する科学的調査は19世紀半ばから末にか

帽子と眼鏡を着けた毛深いサボテン。オーストラリア、カクタス・カントリーの展示。

けて着実に進み、科学者たちが植物の注目すべき「隠れた」習性を発見し始めたのもこの時期である。その多くは植物の機能についてだった。植物はどのように呼吸し、繁殖し、栄養を摂取し作り出すのか、そしておそらくもっとも興味深かったのは、植物がどのように成長し、生きていくかである。植物の複雑さについて目覚ましい発見がなされたこの時代に、多くの芸術家――とくにフランスとドイツ――がサボテンも含めた植物を擬人化し始めたのは驚くにあたらない。彼らのユニークな描写は、私たちの認知を超えたたぐいまれな命が植物のなかに存在することを明確に述べるひとつの方法だったのである。

◉サボテンの人間性

サボテンには人間を思わせる身体的特徴が数多くある。とくに目立つのは、サボテンの多くの種に毛が生えている点だ。長い人間のような毛を持つ種もある。人間や他の哺乳類と同様に、サボテンの毛も

幻灯機のスライドガラスに描かれたイラスト。1900年頃。

一般的に身を守るためのものだ。日光を遮るため、そして凍える寒さを防ぐため。毛むくじゃらの種はオールドマンカクタス（学名 *Cephalocereus senilis*）［通称 オキナマル／翁丸］という一般名で知られている。こういったサボテンの毛は触感が哺乳類に驚くほどよく似ている。このサボテンは年を重ねると下部の毛が失われることがあり、頂部近くの毛がふさふさとしているようすが、ますます人間の頭部を連想させる。

この性質を誇張して、サボテンが人間そっくりだと示唆するユーモラスな挿絵もある。1890年頃のある漫画には、ロンドン西部のキュー王立植物園に展示されている並外れて毛の多い一群のサボテンが描かれている。絵のなかのサボテンには顔らしきものがあり、微妙に分かれた四肢のようなものも見えるが、一番人間ぽい特徴は毛がぼうぼうに生えた頭部だ。絵にはこう書かれている。「植物には手を触れないでください」。サボテンを見ている家族は、長髪の生き物が手を伸ばして自分たちに触るのではないかとおののいているように見える。

トリコケレウス属（*Trichocereus*）（またはエキノプシス属 *Echinopsis*）などのいくつかのサボテンは、一般的に花が咲くときを除いて毛はない。つぼみができると、非常に太く黒っぽい毛が、とくにその成熟した花筒に沿ってまばらに生えることが多い。植物の繁殖器官の周囲にこういった目立つ毛が成長するのは、陰毛にきわめてよく似ている。実際、陰毛はほぼ人間にしか見られない特質だが、一般に他の動物にはないということで、ほとんどの科学者の意見は一致している。[2] 人間にとってもサボテンにとっても、この毛はデリケートな箇所を保護するためのものなのである。サボテンの花は回復力に富んだ他の部分に比べ、日光によるダメージ、水分の損失、捕食者、厳しい気温の変化

毛に覆われたサボテンの花

にずっと弱い。

人間の陰毛はフェロモンを吸い込み漂わせるための一種の原始的な器官として発展したと主張する科学者もいる。[3] トリコケレウス属はもっとも毛深い花をつけるが、そのいくつかの種は夜咲きのサボテンである。コウモリその他の嗅覚の鋭い授粉媒介者を引きつけるには、花の強い香りが頼りだ。花を取り巻く毛が、花の香りを取り込み空中に漂わせるのを助ける可能性もあるのかもしれない。

変異型のサボテン、マミラリア・エロンガータ・「クリスタータ」（学名 *Mammillaria elongata* 'Cristata'）〔通称 キンテマリテッカ／金手毬綴化〕は普通「ブレイン（脳）カクタス」と呼ばれる。成長点が変異を起こし、人間の脳のような曲がりくねった形になるからだ。人間の頭または頭蓋骨の形をしためずらしい鉢に入れて売られることが多い。やはり脳みそのような形をしたス

めずらしい鉢に植えられた「ブレイン」カクタスのキンテマリテッカ

テノカクトゥス・ムルティコスタトゥス（学名 *Steno-cactus multicostatus*）もブレインカクタスと呼ばれる。ただし、この種の脳みそのような構造は正常な成長によるもので、変異ではない。

「人間に似た」特徴と一般名を持つサボテンは、他にもいくつかある。「司教の帽子（ビショップス・キャップ）」（学名 *Astrophytum myriostigma*）［通称 ランポウギョク／鸞鳳玉］は成長が非常に遅い棘のないサボテンで、高さが40センチほどになる。その形と灰白色《かいはいしょく》の色合いが司教の帽子に似ているため、そう呼ばれる。「修道士のフードのサボテン（モンクスフードカクタス）」（学名 *Astrophytum ornatum*）［通称 ハンニャ／般若］、オールドレディカクタス（学名 *Mammillaria hahniana*）［通称 タマオキナ／玉翁］といったものもある。メロカクトゥス属（*Melocactus*）は成熟するとユニークな真っ赤な花座《セファリウム》（この言葉はラテン語で頭を意味する）を作る。これは密生した毛、剛毛、花からなる。この真っ赤な花座は、光合成を行う緑色の基部のてっぺんに成長し、非常に目立つ。このサボテンが「トルコ帽のサボテン」とも呼ばれるのは、赤い花座が伝統的なトルコ帽に似ているからだ。

●サワロ

サワロ（学名 *Carnegiea gigantea*）［通称 ベンケイチュウ／弁慶柱］ほど広く擬人化されてきたサボテンはない。巨大に成長する（15メートル以上）ベンケイチュウは砂漠の不毛な風景のなかで非常に目立ち、人間に似た特徴を持っていることがよくわかる。スペインの探検家たちがアリゾナ州、カリフォルニア州、メキシコ北西部にまたがるソノラ砂漠で初めてこのサボテンの群生に出くわしたのは、16世紀半ばのことだった。そのとき彼らはこの土地を「巨人が行進する国」と呼んでいる。[4]もっと最近では、画家で漫画家でもあるレグ・マニング（彼については後述する）がサボテンに関するロングセラー『サボテンてどんなもの？ *What Kinda Cactus Izzat?*』（１９４１年刊行）に次のように書いている。

ベンケイチュウの群生のなかを初めて車で通り抜けるとき、君は少し自意識過剰になる。混みあった部屋に入っていくような奇妙な感覚に襲われるのだ。そこではすべてのサボテンが動きを止め、気まずい沈黙を保ったまま君が通りすぎるのを見守っている。何十本ものねじれた腕を持つ大きなサボテンは、野放図なダンスパーティのさなかに「固まって」しまったかのようだ。他のサボテンたちは群れ集まって、地元の扇情的なスキャンダルについて声高に笑っているかのように見える。[5]

このサボテンの比較的単純な形が、人間が高く腕を掲げているように見えるのは自然なことだろう。いかにも人間らしく見えるベンケイチュウの姿をとらえようとした写真は、昔から数えきれないほど発表されている。

伝統的に精霊を信仰してきた民族は多い。彼らはほとんどの自然物に魂がある、あるいは少なくともある種の「生気」が宿ると考えてきた。アメリカ先住民の多くの部族は昔から世界をそのように考えてきたので、ベンケイチュウについて同じように感じていてもなんら不思議ではない。トホノ・オオダム（「砂漠の民」）という部族は、ベンケイチュウを単なるサボテンではなく、もっと活動的なものだと考えている。基本的には人間と同じなのだ。実際、彼らの伝説には、最初のベンケイチュウがどのように人間の少女から生まれたかが語られている。

伝説はこうだ。ある日、母親が幼い娘（スグ＝イク・オオフ）を置いて出かける。近くの村に食べ物を探しに行くためだ。置いていかれたくない娘は母親のあとを追うが、まもなく道に迷い、村への行き方を教えてほしいとさまざまな動物に頼む。しかし自分本位の動物たちは助けてくれない。小さな灰色の鳥がやっと道を教えてくれるが、娘が村に着いたときには母親はすでに出発したあとだった。娘は村の子供たちに助けを求める。しかし子供たちは彼女をあざ笑うばかりだった。彼らが娘を罵っていると、驚いたことに娘の体が地面に沈み始めた。子供たちは恐怖にかられ娘の母親を探しに行ったが、母親を連れて戻ってきたときには娘は完全に地面のなかに消え去っていた。母親は打ちのめされ、娘が消えた場所に食べ物と飲み物を並べた。まもなくそこから大きなサボテンが生え始めた。どんどん伸びて、あっという間に大きく育った。美しい白い花をつけ、それから真っ赤な実をつけた。そこへ娘に親切にしてくれた灰色の鳥がやってきて、実をほとんど食べ尽くした。これを見た村の子供たちは怒り、鳥たちを追い払おうと石や槍を投げ始めた。すると突然サボテンが姿を消す。母親と村人たちは数日後、近くの丘の中腹にサボテンが生えているのを見つけた。彼らはサボテンに、なぜ立ち去ったのかと尋ねた。するとサボテンの娘は、鳥たちに親切にしてもらったお礼をしていたのだと答えた。もし子供たちが鳥たちに実を食べさせないのなら、私は誰にも実を食べさせない、と。それ以後、人と鳥と動物はもはや実をめぐって争うことはなくなり、公平に分け合うようになったという。[6]

また、メキシコ西岸のソノラ砂漠に住むセリス族は、昔から独特な方法でサボテンと関わってきた。彼らの暮らす地域にはパキケレウス・プリングレイ（学名 *Pachycereus pringlei*）［通称 ブリンチュウ／武倫柱］と呼ばれる大きな柱サボテンが育つ。子供が生まれると両親はサボテンをひとつ選び、根元に胎盤を埋める。子供が生きている間、そして死んだあとまでも、そのサボテンとは緊密な関係が続く。ある意味で、サボテンはその人の生きた化身なのだ。[7]

●病み上がりのサボテン

19世紀半ば、南北アメリカ以外の主要な植物園にはかなりのサボテンのコレクションがあった。もっとも有名だったのがキュー王立植物園で、驚くようなサボテンをいくつも輸入したことで評判

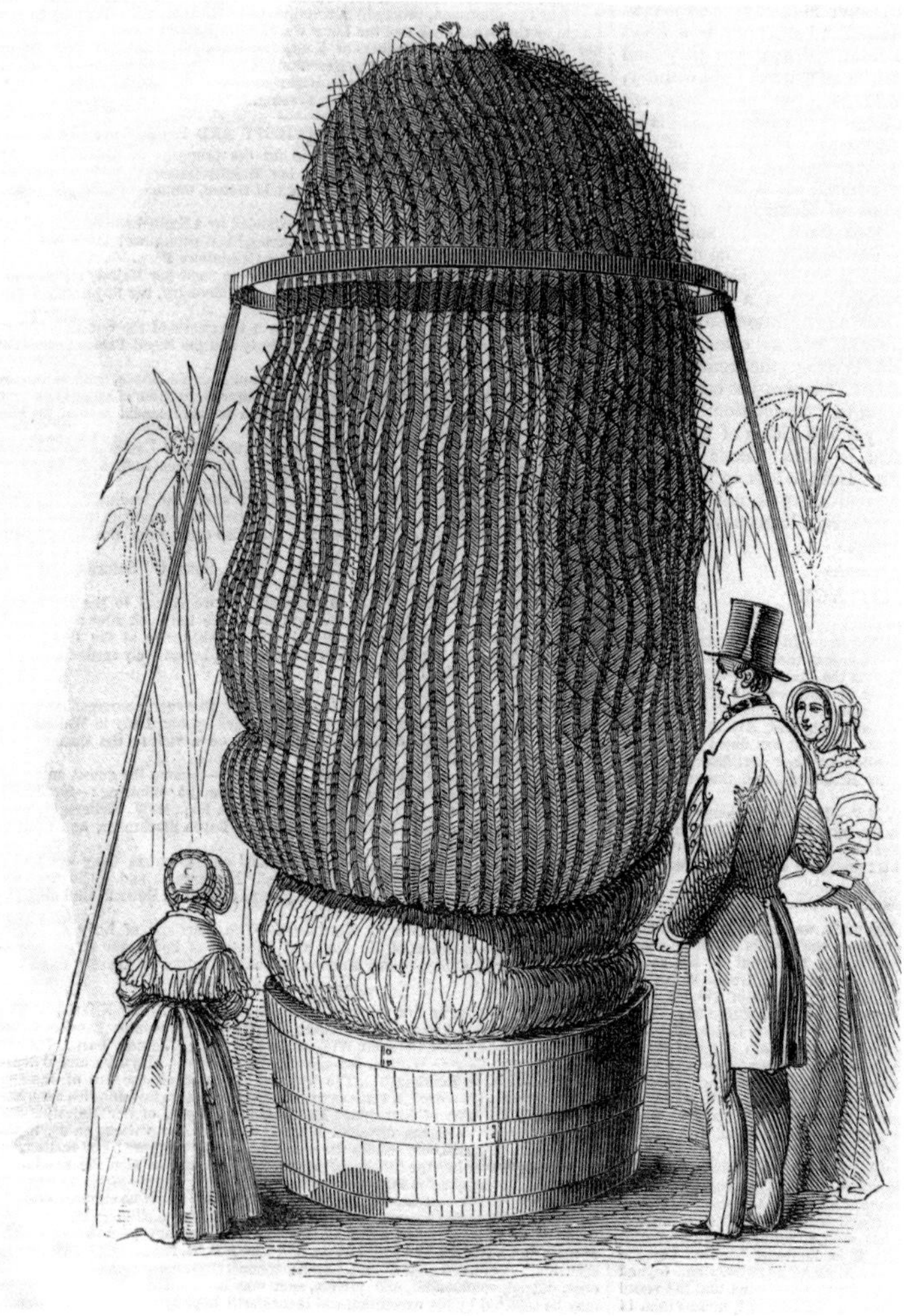

キュー植物園の「怪物サボテン」。1846年。

を呼んだ。とくに大きなサボテンを買い入れたときにはちょっとした事件となって新聞を賑わせた。

残念ながらこういった大型種のなかには、南北アメリカからの長い船旅に耐えられず、病気になって到着前に腐ってしまうものもあった。1846年のイラストレイテッド・ロンドン・ニューズは、とりわけ大きな「怪物サボテン」がメキシコから最近到着したと報じている。このサボテンは外周および高さが3メートル、重さは1トン以上あったという。新聞はその途方もない姿を絵にして掲載したが、実際に生きた「怪物」を見ることはかなわないだろうと書いている。すでに病気にかかり、枯れかけていたからだ。

到着したとき、サボテンは完璧な状態に見えた。数週間で頂部に花を咲かせもした。しかしこれは――あたかも「白鳥の歌」のように――サボテンが最後の力を振り絞っているにすぎなかった。[8]

しかし、記事はこうも続けている。「植物園が以前入手した元祖『怪物サボテン』はぴんぴんしており、それは彼らにとって今も自慢の種だ」。実際、病気のサボテンについて、そしてキュー植物園のスタッフが彼らを救おうと並外れた努力を払っていることについて報じている記事は他にもいくつかある。病気になって枯れた、あるいは多大な努力の結果「健康」を取り戻した奇妙な「生き物」に大衆は夢中になったに違いない。だが、病気のサボテンがそこまで注目されることに違和感を覚える者もいただろう――それならまだ、病から回復しつつある貴族を記事にしたほうが話は

「病み上がりのサボテンがキュー植物園の風に当たるためにお出かけ」パンチ誌、1931年。

わかる。1931年、パンチ誌はそういった視点もあることをうまく伝える漫画を掲載した。描かれているのは明らかに病気の、人間くらいの大きさの擬人化されたサボテンだ。それが車椅子に乗り、付き人に押されて公園のようなところを移動している。ベテラン然とした看護師も一緒だ。キャプションにはこう書かれている。「病み上がりのサボテンがキュー植物園の風に当たるためにお出かけ[9]」。

◉画家と挿絵画家

フランスやドイツといった国々では、19世紀半ばにはサボテンはかなりありふれたものになっていた。まだエキゾチックな植物とみなされてはいたものの、しだいに普及し、多くの家でひとつかふたつ、おそらく明るい窓台の目立つ場所に飾られていたことだろう。多くの種苗場がサボテンの豊富な品ぞろえを呼び物にしていたが、キュー植物園（と他のいくつかの植物園）の種苗場を除けば、寒いヨーロッパの

カール・シュピッツヴェーク『サボテン愛好家』。1850年、油彩、カンヴァス。

冬でも室内で育てられる比較的小さいサボテンが一般的だった。小さな鉢植えのサボテンが絵画などによく登場するのはそれゆえだろう。

カール・シュピッツヴェークはドイツの写実主義の画家で、サボテンが登場する絵を多数描いている。有名な絵のひとつは『サボテン愛好家』（1850年）だろう。この絵ではひとりの男が開いた窓の前に立ち、窓台に置かれている小さなサボテンをしげしげと眺めている。男とサボテンは妙に似ている。どちらも「頭」を片側に傾け、互いを好ましげに見つめ合っている。男はサボテングリーンの長衣を着ており、はげ上がった頭はサボテンの頭部にそっくりである。絵はごく短い瞬間をとらえたと思われる。そしてこれが束の間の時間であることを強調するために、画家は壁に大きな時計を配している。振り子は大きく左に揺れて、ハイスピードカメラで瞬間をとらえたかのようだ。振り子が大きく左に揺れた瞬間だけでなく、男とサボテンが互いに見つめ合い首を傾げた瞬間をもシュピッツヴェークがとらえたかのように見える。次の瞬間振り子は反対側に揺れ、男とサボテンも元の位置に戻るのだろう。このサボテンの描写は「擬人化」というほどではないかもしれないが、その状況や、絵のなかの他の要素との関係から、明らかに人間くさく見える。

フランスでは19世紀半ば、絵画や挿絵の世界で、花からシマウマにいたる自然界のあらゆるものについて擬人化の傾向が高まったようだ。画家オディロン・ルドンは擬人化の手法を用い、人間と他の生き物とを融合させた多くの作品を作り上げた。彼はまたダーウィンの進化論と、国じゅうを熱狂させていた自然科学への関心からも影響を受けている[10]。1881年、彼は『サボテン男』を描いた。人間の頭部にサボテンの棘が生え、陶器の鉢にきちんと植えられているという木炭画だ。興

オディロン・ルドン『サボテン男』。1881年、木炭、紙。

味深いのは、リアリズムを徹底的に排除していたルドンが、これらの棘を威嚇するようなイメージでは描いていない点だ。代わりにサボテンの棘の概念をすべてひっくり返し、サボテン男が「キリストのごとき」いばらの冠をかぶっているかのように描いた、と考える人もいる。あたかも棘が彼に突き刺さり、痛みと苦しみを引き起こしているかのように。[11]

19世紀のドイツでは多くの挿絵画家がサボテンをよく擬人化した。たいていの場合は小さな、どちらかといえばかわいい生き物として――そして、いくぶんエキゾチックでエキセントリックだが、まったく無害な生き物として。このように描かれたサボテンの多くが小さいサイズだったのは、もちろん多くの人々が日常生活でなじんでいたのが小型のサボテンだったからである。1890年代、ことのほか人気があったある絵葉書のシリーズに、擬人化されたさまざまな種類のサボテンが登場している。チョウやカブトムシが一緒に並べられ、サボテンの小さなサイズが強調されていた。両者を比較すると虫たちがイヌか大きな鳥のように見えるのだ。

この手の絵葉書には、ふたつか3つのサボテンがよく登場する。ある絵葉書では、2体の年配の女性のサボテン（エキノケレウス属 *Echinocereus* とエキノカクトゥス属 *Echinocactus*）が忙しげに編み物をしながら噂話をしている。別の絵葉書では、女性のオプンティア属（*Opuntia*）と男性のアストロフィトゥム属（*Astrophytum*）が喧嘩をしているようだ。3枚目の葉書では、ともに花を満開に咲かせた女性のエキノケレウス属と男性の別の種類のエキノケレウス属が熱烈に求愛しあっている。

メキシコでは、政治的テーマを扱った壁画で名高い画家ディエゴ・リヴェラが、メキシコの多く

ドイツの絵葉書。1900年頃。

ディエゴ・リヴェラ『サボテンのある風景』。1931年、油彩、カンヴァス。

の動植物を描いた。サボテンの絵も多い。ヨーロッパでは小さくてエキゾチックなサボテンが寄り集まったようすに引かれる挿絵画家が多かったが、それとは対照的に、リヴェラはソノラ砂漠と周辺地域に生える大型のサボテンを題材に選んだ。サボテンは実際、彼の生まれ故郷を明確に特徴づけるものだった。たとえば『サボテンのある風景』（1931年）には一群のベンケイチュウが描かれている。そのひとつは明らかに女性で、「腕」だけでなく「胸」もある。『平原のサボテン』（1931年）では、リヴェラはゆったりした2本のオルガンパイプカクタス（学名 *Stenocereus thurberi*）「通称 ダイオウカク／大王閣」と思われるものを描いた。空をつかむような印象的な姿で描かれたサボテンは、まるで砂漠の地面から一対の巨大な手が出ているようだ。

国境の北、合衆国には、周囲を取り巻くソノラ砂漠の堂々たるサボテンの影響を大きく受けた画家がいる。有名な挿絵画家で漫画家のレグ・マニングは政治漫画、本、挿絵の仕事を次々とこなし、擬人化したサボテンの挿絵や漫画でもっともよく知られている。こういった挿絵を彼は1930年代に発表し始めた。著書『サボテンてどんなもの？ *What Kinda Cactus Izzat?*』（1941年）は人気を博し、何度も重版された。彼のサボテンはときには厚かましいが、つねに友好的な元気いっぱいの生き物として描かれる。彼らは疑うことを知らない旅行者の尻を刺すのが大好きなようだ。アメリカの大衆文化において、マニングがサボテンの擬人化されたイメージ、とくにベンケイチュウのイメージを普及させるのに重要な役割を果たしたのは間違いない。彼の作品は明らかにディズニーのアニメーターや、有名なアメリカの漫画家チャールズ・M・シュルツに影響を与えた。

◉ピーナッツ

連続漫画『ピーナッツ』（1950〜2000年）はシュルツ作・画で、おなじみの擬人化された犬、スヌーピーが主人公だ。スヌーピーにはスパイクという兄がいる。砂漠で世捨て人のような生活を送っている痩せこけた犬で、周囲には誰もおらず、話し相手は砂漠のサボテンだけだ。

この連続漫画は巧妙な方法でサボテンを擬人化している。サボテンたちに人間ぽいところ——ベンケイチュウに元からある「腕」は除く——は見られないし、このサボテンは「話」もしない。だがスパイクは彼らに「話し」かけ、交流することができるし、サボテンたちが動いたり返事したりしてくれると信じているようだ。私たち読者にサボテンのそういった動きが直接見えることはけっしてないし、サボテンからセリフの吹き出しが出ることもない。動きは漫画のコマとコマの間で起こり、結局のところスパイクの想像のなかのことにすぎない。

ある回では、スパイクが近くのベンケイチュウに「しばらく町に行ってくるよ」と告げ、こう受け合う。「大丈夫、暗くなる前に戻って来るから」。サボテンはもちろん腕を上げたままじっとしている。片腕はもう片方の腕より少し高い。スパイクはサボテンと別れるところこう言う。「出かけるときに誰かが別れを惜しんでくれるのは素敵なことだな」。最後のコマで彼は振り返り、すっかり遠くなったサボテンを見てこう言う。「振り返るとまだ手を振ってくれているのが見える」。もちろんこの回で、読者にはサボテンが本当に動いたところはけっして見えない。実際、どのコマでもサボテンは同じポーズで同じアングルから描かれている。しかし、スパイクが想像している内容は吹き出しから伝わり、それにより読者は彼の視点からできごとを理解できる。

別の回では、スパイクがサボテンの一群と「スクエアダンスを踊っている」ように見える。サボテンはもちろん動かない。そして踊りながらサボテンからサボテンへと駆けまわっているのはスパイクだけなのだ。ダンスの間、サボテンと「手をつなぐ」たびに棘が痛々しく突き刺さる。最後のコマでスパイクは地面に座っている。両手にはぐるぐると包帯が巻かれ、痛みでずきずきしている。それは自ら招いた怪我で、まったく動かないサボテンと想像上のダンスをした結果であり、サボテンはたまたまステップを踏んでいるダンサーのようなポーズに見えただけなのだ。

スパイクと友だちのサボテンが登場するどの回でも、私たちに見えるのは静止画のみだ。しかし私たちはスパイクが想像したように、コマとコマの間でサボテンが動いていたのだと想像することができる。サボテンの動きはスパイクの想像のなかにあるのだから、私たち読者は、コマとコマの間で起こる動きを私たちの想像力で（おそらく心のなかで動画化して）補うことができるのだ。この漫画が感動的で、彼らの関係が共感を呼ぶ理由のひとつはここにある。私たち読者は昔から、サボテンに人格があると思ったり人間のように動くと思ったりすることに慣れている。だから、スパイクに少し妄想癖があるということは知っているものの、彼のメンタルプロセスを理解し共感することができるのだ。

●アニメのサボテン

サボテンが登場したもっとも注目すべきアニメーションは、ノーマン・ファーガソンが監督したディズニー映画『三人の騎士』（1944年）だろう。これはディズニーの「パッケージ・フィルム」、つまりいくつかの異なる短編が続き物になっているアニメーションだ。エピソードのひとつにダンスシーンがあり、実写のメキシコ人女性カルメン・モリーナとアニメーションのドナルド・ダック、それに数十体のアニメーションのサボテンが踊る。彼らは踊りながら絶え間なくその姿を変える。

エピソードの始まりで、ドナルドは気がつくとサボテンの一群のなかにいる。サボテンは踊り始め姿を変える。まもなく、踊るベンケイチュウのひとつが実写のモリーナに変わる。ドナルドはすぐに彼女に夢中になり、彼女と「融合」しようと、サボテンのようなポーズをとる。まずはベンケイチュウ、それからウチワサボテン。だが懸命に姿を変えても彼女の気を引くことができない。ドナルドはモリーナのダンスの動きをまねて彼女を追いかけ続けるが、それでもミス・モリーナにちょっぴり認めてもらえただけだ。そこで彼は自分のセーラーハットを大きなソンブレロに変えて、彼女のラテン風の外見に倣おうとする。しかしそれでも彼女に好印象を与えることはできない。やがてアニメーションのサボテンが、彼女を追いかけるドナルドを盛んに妨害し始める。彼の行く手をふさぎ、あざける。完璧な形のドナルド型サボテンに苦も無く姿を変え、痛ましいことにドナルドを踏みつけて踊る。最後にドナルドはモリーナに突進するが、モリーナを抱きしめたと思った瞬間、彼女はベンケイチュウの姿に戻り、ドナルドは棘だらけの茎に激突して痛い思いをするのだった。

アニメーション作家のジェイ・P・テロッテによると、このエピソードでドナルドとサボテンと実写の女性のダンスが表しているのは、ドナルドの目下の欲求不満――彼は女性に相手にされていない――だけでなく、ずっと複雑なものだという。彼は漫画のアヒルと実写の女性の間にある遺伝的・文化的境界を乗り越えることができないのだ[12]。だが踊るサボテンは何の苦もなく種と形を変える。そして変身するにあたり、アニメーションのサボテンは実世界のサボテンがどんな形になれるかを数多く見せてくれる。「サボテン」の外見が絶え間なく変わるのは、ある意味でさまざまな社会においてサボテンがどのように見られてきたかをまさに体現しているのだ。

◉邪悪なサボテン

擬人化はある物体に固有の特徴を強調するのに役立つ。サボテンの場合は、その恐ろしげな棘と奇妙な外見から、邪悪なもの、もしくは無法者という前提がうまくできあがるわけだ。

1890年代、アリゾナ州のジョー・マルハットンは、地元の新聞が報じるところによれば、「超自然的な」一群のベンケイチュウについて「恐ろしい発見」をしたことで有名になった。マルハットンの地所一帯の地下深部には磁気を帯びた銅の巨大な鉱脈があり、そのために周囲のベンケイチュウが強い「磁気を帯びている」（そして活動的になっている）というのが彼の主張だ。これらの磁気を帯びたサボテンは、真偽のほどはともかく殺人サボテンであり、その巨大な磁力で生き物を引き寄せたりはね返したりするのだという。あるときマルハットンは砂漠を旅するふたりの放浪者を見たと断言する。

片方の男はあっという間に引き寄せられ、サボテンの鋭い棘に串刺しにされた。男の体はタコのように絡みついた腕に押しつぶされ、サボテンのなかに飲み込まれた。男の血、肉、骨は粘液のようにどろどろになり、男の体が消えた割れ目からゆっくりとしたたり落ちていた。サボテンは獲物を消化している間はその磁力を失う。だからわれわれはこの驚異的だが身の毛がよだつ光景を見て、詳細を伝えられるのだ……負極のサボテンがふたり目の放浪者をはね返すと、その体は正極のサボテンのそば、30メートルほどのところまで飛ばされ、すぐに同じ運命をたどった。[13]

この話は広く信じられ、サボテンを嫌いがちな読者の頭に刷り込まれたようだ。このような認識は先住民のベンケイチュウの伝説とは大きく食い違う。彼らにしてみれば、ベンケイチュウは人間にとっても動物にとっても不可欠な食べ物であると同時に、多くの砂漠の生き物にとっての避難場所でもある。

冷戦が激化するなか、ハリウッドはホラー映画や殺人虫の映画をどんどん量産した。その一例が『極地からの怪物 大カマキリの脅威』（ネイサン・ジュラン監督／1957年）だ。これはアメリカ社会に広まりつつある「敵」への恐怖を反映していたように思われる。共産主義や核戦争への消えることのない恐怖だ。

漫画本もこの手の物語をよろこんで掲載した。殺人サボテンの古典的な例がエイジャクス・コミックスの『ファンタスティック・フィアーズ』というシリーズにも見られる。タイトルは『緑の恐怖 *Green Horror*』（1954年）。物語はひと組の男女が砂漠を通って帰宅するところから始まる。途中で女性は車を停め、そこに生えていたベンケイチュウの茎を切り取る。自宅の前庭に植えたらよく育つと期待してのことだ。サボテンは成長し、驚いたことにほんの数か月で見上げるほどの高さになった。しかし夫はやがてサボテンに強い嫌悪感を募らせるようになった。そしてある日、彼は斧でサボテンを切り倒そうとする。恐ろしいことにサボテンは動き出し、斧を取り上げると一瞬のうちに彼を殺した。夫の悲惨な死から数か月後、女性は別の男と知り合う。しかしその一方でサボテンも彼女に恋していたのである。愚かにも新たな男は殺人サボテンのすぐ目の前で彼女にプロポーズする。女性はもちろん承諾した。彼女がお祝いのカクテルを作るために家に入っている間にサボテンは婚約者を襲い、何度も殴り、最後は絞め殺した。それからサボテンはみずから根を引き抜き、玄関に歩いていった。女性がドアを開けるとサボテンは彼女を捕まえ、「愛の」抱擁で彼女を圧死

コミックブック『ファンタスティック・フィアーズ』に掲載された『緑の恐怖 *Green Horror*』（1954年7～8月号）

させた。[14]

1950年代の初めにも、『ハイドパークの怪物 *The Monster in Hyde Park*』という題名の物語がイギリスの若者向け週刊誌「ウィザード」に連載された。登場するのは、有名なロンドンの公園に棲む殺人サボテンだ。この巨大な球サボテンは、あっという間に高さ約150メートル、幅約1キロにまで成長する。体を覆う赤い棘には殺傷能力があり、しかもこの棘を遠くまで飛ばすことができる。この毒の棘に少し引っかかれただけでも命はない。サボテンは怒り心頭に発すると隆起部のひとつを広げ、外に弾き飛ばす。そのさまは「ばねで飛ばしたかのようだが、あまりの威力とスピードで、表面を覆っている棘がすべて発射される」。そして大勢の人間が命を落とすのである。

男たちは道をよろめきながら進み、体に刺さった棘を取ろうとかきむしり、棘の刺さっていない人に助けを求めて泣き叫んだ。しかし無傷に見える者たちもほとんどが死の棘に引っかかれており、それは彼らも仲間と同じ運命をたどることを察していた。[15]

オーストラリアのウチワサボテンと同様に、このサボテンも異常な速さで繁殖し、広がっていく。「恐ろしいサボテンはロンドン郊外、さらにはその向こうまでどんどん広がっている。すでにメードンヘッドでもふた株が確認されている」。明らかにオーストラリアのウチワサボテンの話を参考にしたのだろう、ロンドン市民はとうとう神秘的な黒いチョウの幼虫がそのサボテンの肉をあっという間に貪り食うことを発見すると、反撃に出る。

『ドクター・フー』のエピソード。「メグロス」より、1980年。

漫画本やアニメーション映画では、サボテンが悪役になった例が他にも多数ある。マーベル・コミックスに連載された『西海岸の復讐者 *West Coast Avengers*』に登場する、シンプルに「サボテン」と呼ばれる巨大なベンケイチュウ――ぼんやりとではあるが人間のような顔がついている――は怪力を備え、空を飛んだり獲物に棘を浴びせたりできる。水分が多いため割れやすく、簡単に粉砕されてしまうという弱点はあるものの、自分の壊れた体を即座に再生することもできる、ほぼ不死身のキャラクターだ。[16]

長編アニメーション映画『楡《にれ》が歌う森 The Elm-chanted Forest』（ミラン・ブラジェコヴィチュ監督／1986年）では、棘皇帝と呼ばれる邪悪なサボテンの王が国を治めている。彼は残酷な暴君で、美しい森を砂漠に変えようとする。だが最後に彼は魔法の薬を

人間の姿をしたサボテン異星人、メグロス。『ドクター・フー』のエピソード、「メグロス」より、1980年。

飲まされ、緑色の棘だらけのサボテンからピンク色の棘のない花に覆われた植物に変わる。その後彼はこの新しい姿にぴったりの親切で慈悲深い治世者となる。

イギリスで長く放映されているテレビ番組『ドクター・フー』でさえ、サボテン風の悪役を登場させている。1980年に放映された印象的な4回シリーズのエピソードでは、メグロスと呼ばれる恐ろしいサボテン生物がドクターの敵となる。この巨大なサボテンは滅亡した惑星の唯一の生き残りだ。「私はメグロス。この惑星のたったひとりの生き残りだ。私は植物だ！　正確に言うと乾生植物だ！」メグロスは巨大な鉢植えのサボテンの姿で登場する。話すことはできるが、自力で移動することはできない。しかし特別な機械の助けを借りれば人間の姿をした「存在」に転移できる能力

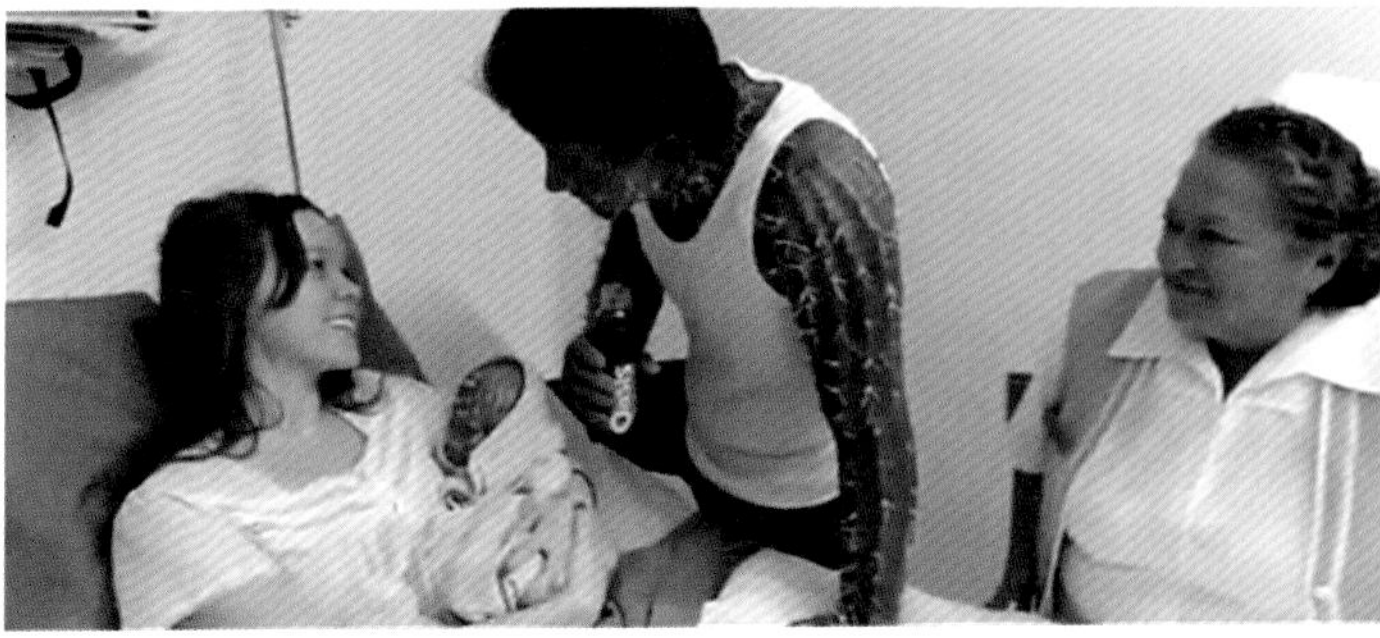

フルーツ飲料「オアシス」のテレビコマーシャルに登場した「サボテン・キッド」。2008年。

を身に着ける。その機械はふたつのブースからなっていて、その片方にサボテンが入り、もう片方に人間の餌食が座る。転移が始まると巨大なサボテンは目に見えて干からび、一方の人間は緑色になりサボテンの棘に覆われる。メグロスはそれからそのサボテン人間を邪悪な命令に従わせる。

あるインタビューでこの番組の脚本家は、メグロスのキャラクターをどうして思いついたかを説明している。彼らはキッチンテーブルに座って究極の悪役を考え出そうとしていた。たまたまテーブルの中央にかなり「不細工な」サボテンが置かれており、それがひらめきの元となった。彼らはそのアイデアに飛びつき、すぐにメグロスのキャラクターを練り始めたという。[17]

サボテンを擬人化したキャラクターのなかには、不運にも悪役にされてしまった者もいる。2008年、イギリスの瓶入りフルーツ飲料「オアシス」の宣伝キャンペーンに登場したサボテン・キッドだ。テレビコマーシャルはキッドとその若い恋人の物語を追っていく。彼は合衆国とメキシコの国境で警察から逃げまわっている。サボテン・キッドは見るからに奇妙だ。人間の俳優が演じているが、肌は緑色に塗られ、棘で覆われている。広告は冗談半分でこう説明している。彼はサボテンであるため「水を嫌い、オアシスしか飲まない」と。ふたりはなんとか警官をやりすごすが、女性は妊娠しており、まもなく「サボテンの赤ちゃん」が生まれる。最後に警察が彼らに追いつくのだが、広告にはふたつのバージョンがある。ふたりとも警官に撃たれて死ぬか（しかし赤ん坊は助かる）、あるいは親切な役人（彼もオアシスの愛飲者）が赤ん坊とともにふたりを逃がしてくれるのである。

驚いたことに、これらのコマーシャルはイギリスで放送禁止になった。理由はおもにふたつある。ひとつは、ストーリー展開が十代の妊娠を容認するとみなされるからというもの。もうひとつは、何度も繰り返されるキャッチフレーズの「オアシス、水が嫌いな人のために」が「無責任であり、正しい食事習慣を妨げる」から、というものだった[18]。ふたつめの理由はまったくの予想外だった。というのも、広告は単に多肉植物であるサボテンが他の多くの植物とは水の採り方がいくぶん異なるという事実を軽いノリで表現しただけだったからである。コマーシャルでこれは、ふたりが「水が好きでない」という設定に面白おかしく言い換えられた。物語のなかでサボテン・キッドに向けられた過度な偏見と同様に、サボテンに対する大衆の偏見が、こういった宣伝を判断する際にも無意識に影響を与えたのかもしれない。棘と奇妙な外見と変わった性質のために、サボテンはむしろ誤解されているのではないだろうか。

この数十年、アジアの多くの国々でサボテン人気は高まっている。もちろんその擬人化も含め、アジアの大衆文化ではより目立つ存在にもなっている。アニメシリーズ『デジモンアドベンチャー』には「トゲモン」という名のキャラクターが登場する。この名は明らかに日本語の「棘」から来て

トゲモン。『デジモンアドベンチャー』第6話より、1999年。

いる。また、エキノプシス・オキシゴナ（学名 *Echinopsis oxygona*）［通称 オウセイマル／旺盛丸］からも着想を得ている。トゲモンは巨大な生物で、大きな赤いボクシンググローブをはめた優秀な闘士だ。しかし状況が厳しくなったり、とくに手強い敵にぶつかったりしたときには大量の棘を吹き出すことができる。

サボテンは他にも有名なアニメーションに登場しており、日本の『ポケットモンスター』、『六門天外モンコレナイト』、『ファイナルファンタジー』といったビデオゲームやアニメーションのシリーズに見られる。棘を吹き出す必殺技は、サボテンをモデルにしたキャラクターに共通の特徴のようだ。

◉擬サボテン化

擬人化という考えを逆転させ、人間の性質をサボテンに当てはめる代わりに、サボテンの性

トキドキ「サボテン・フレンズ」コレクション・シリーズ

サボテンを取り入れたキリスト降誕の場面

質を他のものに当てはめることも可能だ。逆の状態を表すのに「擬サボテン化」という造語を使ってもいいだろう。基本的なアイデンティティは維持しながら、日用品や生き物にサボテンの特性を植えつけたものを指す言葉だ。

擬サボテン化したキャラクターの一例は、イタリア人芸術家シモーネ・レーニョが考案・デザインした多様なファッションや、玩具の大人気ブランド「トキドキ」に見られる。デザインやキャラクターはすべて日本的な雰囲気を漂わせており、世界で大人気を博している。このブランドから生まれた人気商品のひとつが、トキドキ・サボテン・フレンズシリーズのキャラクターと玩具だ。これは子供たちとそのペットの子猫や子犬の小さな人形で、みなサボテンのコスチュームを着ている。擬人化されたサボテンのようにも見えるが、擬サボテン化された子供たちと動物と言ったほうが正確だ。人間のようなサボテンというよりは、サボテンに扮した人間だからである。典型的な「ジャパニーズスタイル」の非常に愛くるしいキャラクターは、サボテンという植物を効果的に等しく愛らしい姿に変えた。これらのキャラクターについての説明は以下のとおりだ。

> サボテンは保護の象徴です。そして子供たちは純真でかよわく、保護が必要です。サンディと友人たちがサボテンスーツに身を包んでいるのは、彼女たちにとって世界は冷たく恐ろしい場所で、そこに向かっていくには身を守る鎧が必要だからなのです。[19]

もちろん、これらの愉快なキャラクターたちはまったく恐ろしくはない。しかし彼らはサボテンの棘という他者に脅威を与えるものを身に着けている。棘はこの場合は人間の敵ではなく、むしろ人間の弱さを保護するものだ。

擬サボテン化のもうひとつの興味深い例は、ハロウィンの一連の装飾に見られる。これは1990年代に合衆国、とくにアリゾナ州で大変な人気を博した。ベンケイチュウ（円柱状の姿に「腕」がついている）とジャック・オ・ランタン［ハロウィンで飾られるカボチャのちょうちん］、それぞれの特徴をうまく結びつけたものだ。吹き込み成型された発泡プラスチック製で、内部に電球が取りつけられて光るようになっている。オレンジ色のジャック・オ・ランタンが引き延ばされて、直立したベンケイチュウの形になっている。

近年はラテンアメリカ、とくにペルーとメキシコで、クリスマスのキリスト降誕の場面にユニークな方法でサボテンが取り入れられている。長年にわたりさまざまなスタイルのものが作られてきたが、共通しているのは、マリア、ヨゼフ、おさなごイエスと訪れた羊飼いのミニチュア人形が、普通の納屋や馬屋ではなく、大きなサボテンのなかにいる点だ。伝統的なキリスト降誕の場に数本のサボテンを添える——この地方ならではの雰囲気を効果的に与える——のではなく、クリスマスの物語全体とサボテンの形や物語を自然に融合させている。キリスト降誕の描写にはアイコン的なベンケイチュウやウチワサボテンなど、いくつかの異なる種類のサボテンが使われている。

第5章　サボテンを食べる

サボテンを食べると聞いて最初に思い浮かぶのは、棘が舌に刺さる悲惨な光景だろう。そしてちょっとインターネットで検索してみれば、丸ごとサボテンの実を棘まで食べるというとんでもない動画が数多く投稿されていることに気づくだろう。控えめに言っても、誰かが棘だらけのサボテンを次々とかじって辛そうに飲み下すのを見るのは落ち着かない。この行きすぎた行為は奇抜に思えるが、じつは何世紀にもわたり行われてきた。ヨーロッパでは19世紀半ばにアルジェリアの曲芸師の一座がその向こう見ずな出し物で有名だった。曲芸師がサボテンの茎と棘を丸ごと食べるというのが呼び物のひとつだったのである。1867年の新聞記事によると、ある出演者はたちまちのうちに「サボテンの枝を貪り食い、彼の舌は棘だらけになった」という。[1]

サボテンはじつは非常に良い食材で、ほとんどの部分（棘は除く）、つまり実や花から茎、根にいたるまで、何千年も前から人間の食物のなかで安定した地位を保ち続けてきた。人類が最初に南北アメリカ大陸に居住してからずっと、人々はこの植物を食べてきたのである。ほとんどのサボテ

さまざまなウチワサボテンの実

ンの実と花は食用になるし、すべてのサボテンの肉が食用に向いているわけではないが（まったく消化できないものもある）、多くは非常に栄養価の高い野菜料理になる。

サボテンが食材として国際的に広く受け入れられてこなかった理由のひとつは、多くの人々がサボテンに対して依然として抱いている否定的な感情だ。サボテン、と聞いてもあまりおいしそうに思えない——サボテンについてあまり知らない人間ほど強い抵抗感を抱くようだ。興味深いことに、南北アメリカで伝道していた初期のイエズス会の神父たちは、先住民がサボテンを食べるのをやめさせようとしていた。彼らはペヨーテ（学名 *Lophophora williamsii*［通称ウバタマ／烏羽玉］）の向精神作用を目撃しており、サボテン全般に疑念を抱いていたようだ。非常に栄養価が高い（そしておいしい）柱サボテンの実ですら「野蛮だ」と警戒していた。神父たちは先住民が「こっそり姿を消しては」熟した実をたらふく

ウチワサボテンの実

食べるのに落胆した。彼らから見れば、先住民はあきれるほどの「サボテンの実中毒」なのだった。[2]

しかし現代ではサボテン、とくにサボテンの実を食べるのは世界的に人気が高まっているように思われる。より広い市場を獲得するために、栽培者のなかにはそれがサボテンの実であることをあまりアピールしようとしない者もいる。すでに一部の人々は、それがサボテンの実だと知らずに、大人気の果物として当たり前に食べている。ドラゴンフルーツだ。ベトナムやアジア諸国産のこの広く食べられているトロピカルフルーツは、じつは着生サボテンのヒロケレウス・ウンダトゥス（学名 *Hylocereus undatus*）の実で、メキシコの森林地帯が原産である。

多くのサボテン、とくにオプンティア属（*Opuntia*）の実や茎や花が非常に栄養価が高く健康にもよいという証拠は山のようにある。作物としても、ほとんどのサボテンは育てるのが非常に容易で、他の農産物の持続可能な代替物であると考える人々もいるほどだ。

●実

ほとんどのサボテンの実は食べることができる。口当たりが非常によく、香りの弱いメロンのようなものもあれば、とても甘くてジューシーなものもある。比較的酸味が強いものもいくつかある。棘に覆われているものもあれば芒刺《ぼうし》に覆われているものもあり、完全に滑らかな表皮のものもある。厳密にはどれもベリーであり、ゆえにその厚くてやわらかい果肉に種《たね》が多数含まれていることが多い。これらの種はきわめて小さい芥子粒ほどのものから大きなブドウの種ほどの大きさまでさまざまだ。種は食べることができ、普通は果肉とともに噛み砕かれたり飲み込まれたりする。大きな種は取り出すことができ、昔から焼いてスナックとして食べたり、挽いて粉にしたりすることが多い。

おそらくもっとも広く食べられているのはウチワサボテンの実だろう。これは南北アメリカの先住民が何千年にもわたり食べてきた。甘く栄養価の高い果物で、さまざまな色がある。普通は赤、オレンジ、黄色の果肉で、たくさんの黒い種がある。実はジュースやジャム、シロップやワインに加工される。今日もっとも人気が高いのはインディアン・フィグ（オプンティア・フィクス＝インディカ／学名 *Opuntia ficus-indica*）［通称 オオガタホウケン／大型宝剣］で、もともとはその実がヨーロッパのイチジク（フィグ）に似ていたことからヨーロッパ人にそう名づけられた。メキシコ人はこの実をトゥナと呼ぶ。もっとも一般的な英語名はプリックリー・ペア・フルーツだ。カクタス・ペアと呼ぶ地域もある。ひょっとしたら、棘だらけ（プリックリー）だという点にあまり触れたく

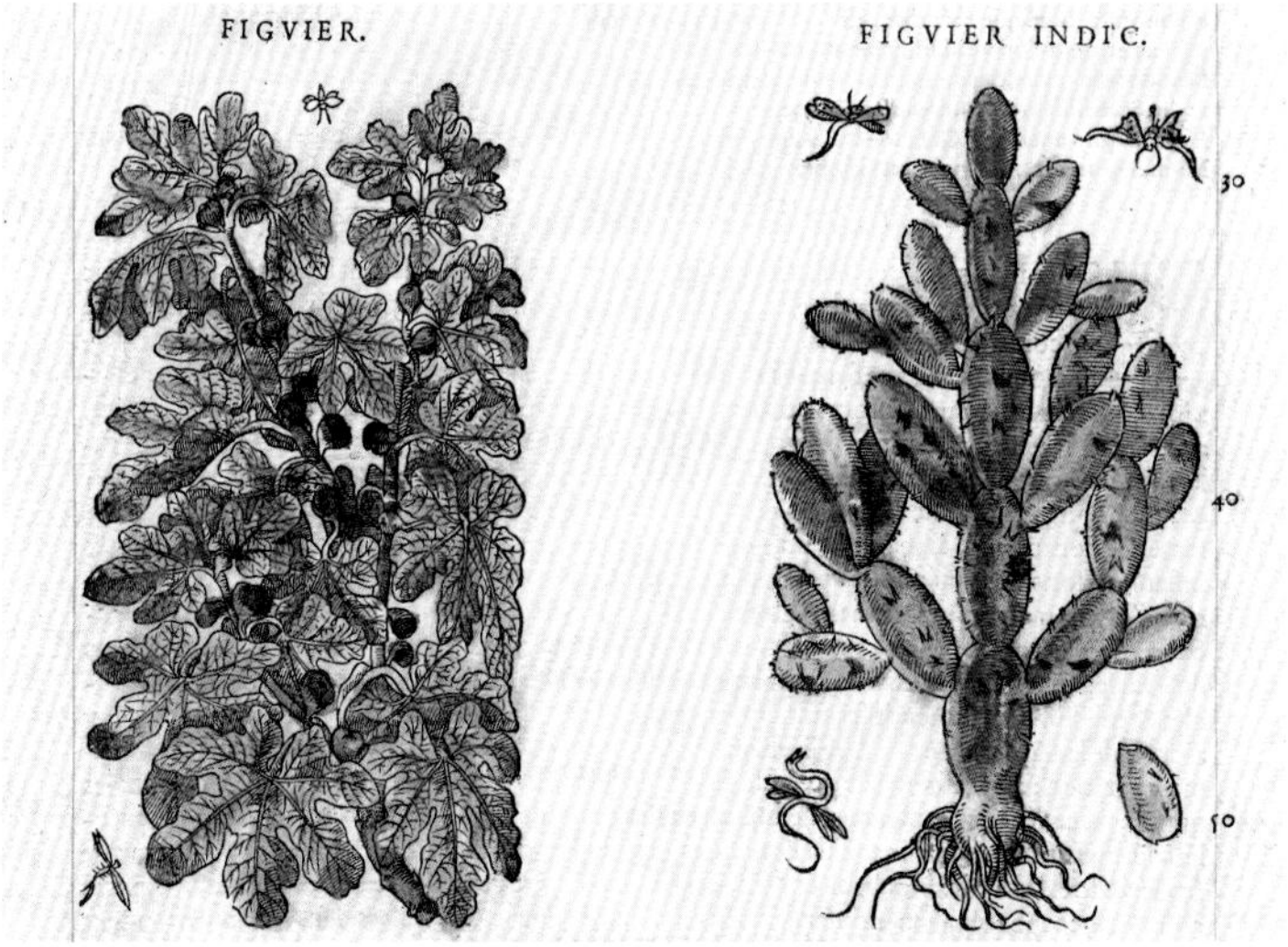

1572年のピエトロ・アンドレア・マッティオリによる手彩色の絵。ヨーロッパのイチジクの木と「インディアン・フィグ」が並べて比較されている。もっともよく食べられているウチワサボテンの実だ。

ないのかもしれない。

この実の一番の短所は、芒刺に覆われていることだろう。小さくてほとんど目に見えない、かえしのついた棘だ。これは皮を剝く前に注意深く取り除かなければならない。最近では、店頭に並ぶ前に機械で取り除くことが多くなってきた。しかしもし取り除かれていなければ、あるいは自分で実を収穫した場合には相当な注意を払わなければならない。トングでつまんで袋かバケツに入れ、流し台のなかでひとつひとつごしごしと洗って棘を除く。研磨スポンジか小さなたわしを使うとよい。手袋もつけるべきだ。こすり洗いが終わったら流水で再度すすごう。荒っぽい人はポータブルのガス・トーチで実をさっとあぶり、棘を焼いたりもする。棘さえ取ってしまえば安全に皮をむける。生で食べても調理してもよい。

オーギュスト・ルノワール『花とウチワサボテンの実』。1885年頃、油彩、カンヴァス。

これらのサボテンの実は非常に栄養価が高く、カルシウム、マグネシウム、カリウム、さらには抗酸化物質を豊富に含む。[3] 糖分が多いので上質なシロップやジャムが作れる。メキシコでは飲料や菓子の着色料や甘味料としても使われる。[4] サボテンの実から作られる新しいデザートにクエソ・デ・トゥナというものがある。「トゥナで作ったチーズ」という意味だ。茶色っぽい、またはクリーム色の塊で、甘いバター入りのフルーツタフィーに似ている。作るには種を取り除いて、果肉を数時間煮なければならない。それを結晶化しないように絶えずかき混ぜながら冷ます。[5]

ウチワサボテン、おもにオオガタホウケンは、何世紀にもわたり商品作物として栽培されてきた。前述したように、20世紀の変わり目にルーサー・バーバンクの「棘なし」ウチワサボテンが有名になり、これが大量に市場に出まわるようになった。他の者たちもこれに続き、ほとんどの商品作物が今では棘なしになっている。しかし葉状茎《ようじょうけい》と実には、まだいくらか芒刺がある。

主要生産国はメキシコ、イタリア、南アフリカ、チュニジア、チリ、アルゼンチン、合衆国だ。メキシコは7万ヘクタール以上のウチワサボテンの農地を有し、世界の半分の生産量を誇る。次はシチリア（イタリア）で、1万8000ヘクタール以上の農地で栽培されている。[6] 量は少なくなるが、他の多くの国々でも急増している。比較的乾燥した気候向けの作物とみなされ、普通は水やりをしなくても育てることが可能だ。[7] この実に対する世界の需要は、間違いなく急増している。

実は葉状茎の上端につく。各葉状茎に3個から20個の実がつくが、大きな実を育てるために摘果《てきか》「果実を間引くこと」されるのが普通だ。[8] 摘果に関しては、よく語られるこんな話がある。シチリアのある農夫が、隣家の息子が自分の娘に言い寄ったことで激怒した。農夫は仕返しに、隣家のウチ

ウチワサボテンの実

ワサボテンの花のつぼみを夜のうちにすべて落とした。ところががっかりしたことには、隣家のサボテンはすぐに新たな花をつけ、むしろ並外れて大きな実を収穫できたのだった。[9]このことから、つぼみを計画的に取り除けば収量や品質が格段に上がることがわかった。この作業はまもなくシチリア全域で当たり前のように行われるようになり、「スコッツォラトゥラ」と呼ばれるようになった。[10]

おそらく二番目によく知られていて最近急速に人気が高まっているサボテンの実は、ドラゴンフルーツだ。ヒロケレウス・ウンダトゥスの実で、ピタヤ、ピタジャとも呼ばれる。これはもともとは着生サボテン、もっと正確には半着生サボテンで、メキシコや中央アメリカの熱帯地域の木の枝に根を張って育つ。1860年にフランス人によってベトナムにもたらされると、最初はごく限られた量

ドラゴンフルーツ。ピタヤとも呼ばれる。

しか栽培されず、上流階級のためのフルーツだったが、この数十年で主要な農作物となり、しだいに世界じゅうに輸出されるようになった。農作物としては、こういったつる性のサボテンは普通は高い支柱を立て、それに這わせて栽培する。成長した実と茎は支柱の上から垂れ下がり、ほとんど地面につきそうになる。非常に多産の作物で、毎年複数回収穫できる。

ドラゴンフルーツはあまりにベトナム文化に定着したので、多くの人々はこの地域原産のトロピカルフルーツだと思い込んでいるほどだ（本当はメキシコのサボテンだなどとは想像もしていない）。ベトナムではこの実にまつわる伝説すら誕生している。それによれば、この実は火を吹くドラゴンの口から生まれた。ドラゴンが退治されたのち、ドラゴンが敗れた証拠として、実が集められ献上されたのだという。[11] 現在では他の多くのアジア諸国、さらにはオーストラリア、南アフリカ、イスラエル（この国ではエデンの果物と呼ばれることもある）、南米でも栽培されるようになっている。

この実は棘がなく、500グラム以上という重さにまで成長することも多い。多くの人々は実のやわらかさをキウイフルーツになぞらえる。どちらも水分の多い果肉と種子からなるからだ。ジューシーだが、その香りは非常にマイルドでメロンに似ている。外見は非常に目を引く。外側は赤く果肉は白いものが多いが、類縁種のヒモサボテン属（*Hylocereus*）では、黄色や赤、あるいは紫色の果肉もよく見られる。

一番味がよいサボテンは、もっとも丈の高い柱サボテン、とくにステノケレウス属（*Stenocereus*）の実だ。これは昔から南米とメキシコでのみ売買されていたが、最近は他の地域でも買えるようになった。ドラゴンフルーツとウチワサボテンの生産者の多くも、まだ量はさほど多くはないが柱サ

ドラゴンフルーツの内部

赤い果肉のドラゴンフルーツ。もっとも味がよいと言われる。

色鮮やかな実をつけたサボテン

ボテンの実を栽培し始めている。
柱サボテンの実には多くの種類がある。小さいものはブドウほどだが、大きいリンゴほどのものもある。普通の棘が生えているものもあれば、長くやわらかな、毛のような棘を持つものもある。どの棘も非常に長くて食べてしまう心配はなく、簡単に取り除くことができる（まったく棘のないものも多い）。皮はグリーン、オレンジ、赤、あるいは明るいピンクだ。果肉はドラゴンフルーツに似て白か黄色か赤が多く、たくさんの小さな種子がある。柱サボテンは成熟すると大量の実をつけるが、実は熟すとはじけるものが多いので、熟れすぎないうちに収穫しなければならない。
実をつける柱サボテンのなかでおそらくもっとも有名で広く研究されているのはサワロ（学名 *Carnegiea gigantea*）［通称 ベンケイチュウ／弁慶柱］だろう。ソノラ砂漠の先住民トホノ・オオダム族はこの実を何世紀にもわたり食べてきた。遠くからは真っ赤な花が咲いているように見えるこの実も、熟すとはじけるタイプだ。収穫するときは、枯れたベンケイチュウで作った長い竿で実を叩き落とす。この実は生でも食べられるが、ジャムやワインにもする。種は挽いて粉にし、平たい円形のパンを作ることができる。収穫が終わると、トホノ・オオダム族はワイン造りの祭りをする。来年も適度な雨が降ることを願うのである。[12]
杢《もく》キリン（学名 *Pereskia aculeata*）には葉があり、一見サボテンにはまったく見えない。小さなオレンジ色のベリーをつけるが、一般にバルバドス・グーズベリーと呼ばれるこの実は、西インド諸島全域の市場で見ることができる。ジャムやパイの具にするのが一般的だ。フェロカクトゥス・ヒストリクス（学名 *Ferocactus histrix*）［通称 ブンチョウマル／文鳥丸］（ビズナガ）もよく食べられ、メ

ベンケイチュウの実を収穫する先住民の女性。1907年頃。

杢キリンの食べられる葉。非常に栄養価が高い。

キシコ全域で売られている。この実は一般的にトゥナ・デ・ビズナガと呼ばれ、ときにはボラチト（小さな酔っ払い）と呼ばれる。この実を醗酵させてアルコール飲料を作る場合もあるからだ。[13]

ほとんどのサボテンは花も食べられ、とくにウチワサボテンの花は広く消費されている。その香りと使用法はローズヒップやハイビスカスの花にもたとえられ、生で食べられるし、乾燥させてお茶にも入れられる。[14]ブンチョウマルの花のつぼみは一般的にカブチェと呼ばれ、メキシコでは生のまま、あるいは缶詰にして販売されており、スープや玉子焼きに入れる。[15]トホノ・オオダム族は伝統的にチョーヤのつぼみを食べてきた。スープやシチュー、サラダに入れることが多く、カルシウムが豊富な食材だ。[16]

◉サボテン野菜

いくつかのサボテンは野菜として食べられるが、もっともよく消費されるのはウチワサボテンの葉状茎で、スペイン語でノパルと呼ばれる。若くて濃い緑色のものがもっともやわらかくておいしい。もしあなたが棘なしの品種を買ったとしても、葉状茎はまだ芒刺に覆われているので注意して扱わなければならない。トングを使えば、小さな葉状茎は簡単にねじり取ることができる。

ウチワサボテンはCAM（ベンケイソウ型有機酸代謝。第1章参照）を行う植物なので、葉状茎は午後に収穫するとよい。ひと晩リンゴ酸――二酸化炭素が蓄えられている――を蓄積しているので、朝に摘み取ると少し苦く、酸っぱい。実と同様に、葉状茎も研磨用のスポンジかたわしを使って流水で注意深くごしごし洗わなければならない。芒刺を取り除いたら外側の縁を切り取り、細長く薄切りにする。生でも食べられるが、普通は粘液を取り除くために軽くゆでたほうがよい。粘液があるとサボテンの肉が少しぬるぬるした食感になるからだ。

葉状茎は酢、スパイス、タマネギ他の野菜とともに漬け物にしてもよい。香りのよいソースにしたり、マーマレードやジャムや菓子にしたり、乾燥させたものを挽いてパンを焼く粉に混ぜたりもする。[17] 非常に栄養価が高く、驚いたことにアミノ酸も豊富で、そのなかには人間の体では作れない8種も含まれる。[18] ビタミンAやビタミンCといった抗酸化物質も適度に含まれている。最近の研究では、葉状茎には抗糖尿病性の特質があり、そういった疾患の治療に役立つことが確認されている。[19]

タマサボテンのなかにも、ブンチョウマルのように食べられるものがあることがわかっている。葉状茎の髄をかきだして、ゆでたり揚げたりして、砂糖を添えて砂糖菓子を作るのに使われるのだ。あるいはタマーレ［トウモロコシの粉で作った生地にひき肉を包んで蒸したメキシコ料理］などの料理に混ぜることもある。[20] この茎の髄は、20世紀末に合衆国南西部の店で広く販売されていたおやつ「サ

柱サボテンの実

ボテンキャンディ」の原料でもある。カリブ海に浮かぶかつてのオランダ領アンティルの先住民は、丈の高い柱サボテン、ケレウス・レパンドゥス（学名 *Cereus repandus*）を常食としていた。皮を剥き、薄切りにしてゆでたり揚げたりし、スープや他の料理に入れる。南米では、ボリビアの先住民が小型の球形のサボテン、ネオウェルデルマンニア・ヴォルウェルキイ（学名 *Neowerdermannia vorwerkii*）の皮を剥いてジャガイモのように食べる。[21]

ペニオケレウス・グレッギイ（学名 *Peniocereus greggii*）は夜咲きのケレウス属で「夜の女王」とも呼ばれる、非常に細く棘の多いサボテンである。極度に乾燥するとこのサボテンは干からびて茶色く枯れているように見え、ひょろっとした茎は岩や大きな植物の幹に這うようにして伸びる。このサボテンは茎にあまり水分をためず、水分のほとんどをカブにも似た大きな塊根に蓄える。カブと同じく、これらの根は食用になり、焼いたり、細く切ってフライにし

サボテンサラダ。材料は杢キリンの葉、赤いディソカクトゥス属（*Disocactus*）の花びら、トマト、チーズ。

たりする。塊根は非常に大きくなり、とくに大きなものは重さが45キロ近くにまでなる。[22]

杢キリンの葉は生でも調理しても食べられる。このサボテンはブラジルで人気があり、「オラ＝プロ＝ノビス」と呼ばれる（「私たちのために祈って」という意味だ）。合衆国では「スイート・メアリー」、あるいはその実の形状から「バルバドス・グーズベリー」または「スパニッシュ・グーズベリー」と呼ばれることもある。葉にはホウレンソウのような香りがあり、ホウレンソウと同じく軽くゆでて野菜の副菜として食べたり、他の料理、スープ、サラダの材料として使ったりする。

驚いたことに最近の研究で、この葉にはタンパク質が豊富に――20から25パーセント――含まれていることがわかった（これはほとんどの豆類よりも多い）。重要なのは、このタンパク質がリジンなど、必須アミノ酸を非常に多く含む点だ。またカルシウム、カリウム、マンガン、亜鉛、鉄といったミネラルも豊富だ。[23] 一部の地域（オーストラリア、合衆国の一部とともに南アフリカ）でこのサボテンは雑草として厄介者扱いされているが、最近の栄養価に関する研究により、栄養補助食品としての価値が高まりつつある。

●サボテンの薬

南北アメリカの先住民は大昔からサボテンを栄養源としてだけでなく、伝統的な薬として広く利用してきた。今もさまざまな痛み、感染症、胃病、耳や心臓や腎臓の病気、皮膚病などの治療に使われている。[24] アステカ族はウチワサボテンを消化器官の洗浄や回虫の駆除に使用し、それを食べれば心肺機能が高まり、授乳中は乳の出がよくなるとまで考えていた。[25]

19世紀末、あるイタリア人医師により、セレニケレウス・グランディフロルス（学名 *Selenicereus grandiflorus*）［通称 ダイリンチュウ／大輪柱］という茎の細い着生の夜咲きサボテンの肉が健康回復に効果的であることが発見された。[26] その後数年と経たないうちに、ミズーリ州セントルイスとロンドンのサルタン・ドラッグという会社が、サボテンを原料とする「カクティナ・ピレット」という薬の製造を開始した。この小さな錠剤は「メキシコの夜咲きサボテンからの贈り物」という触れ込みだった。成分についての記述はかなり曖昧だ。「メキシコサボテンから抽出した生理活性作用を持つ近成分カクティナを1錠につき0・01グレーン配合している」のだそうだ。

カクティナ・ピレットはおもに「強心剤」として販売されたが、「発熱、神経症、子宮その他の病気にも効く」とされていた。宣伝にも力を入れ、会社が頻繁に発行していた会報のある号には次

カクティナ・ピレット。サルタン・ドラッグ社製、1890〜1940頃。

のように書かれている。「心臓のポンプとしての働きをいかなる悪影響もおよぼさずに調整してくれる治療薬が、血液循環を調節し、全般的な栄養補給も改善してくれるのはまったく当然のことです。カクティナ・ピレットはそんな薬です」[27]。当時の多くの強壮剤と同様、この効能書きは大仰だがひどく漠然としている。一番に主張しているのは強心剤としての効果だが、宣伝パンフレットが新しくなるたびに、万病に効くと主張するようになっていった。１８９２年の価格は１００錠25セントで、推奨される服用法はあまりに間隔が短い。「必要に応じて毎時間1錠、あるいは2時間ごとに1錠」だという。

もっと最近では、ウチワサボテンがさまざまな体調の改善に利用されている。とくに目立つのが糖尿病だ（サプリメントとして使用される）。またノパルやウチワサボテンが原料と銘打った数えきれないほどの製品がある。栄養補助食品として、ウチワサボテンは粉末やカプセルやお茶の形で、あるいはさまざまな飲料の成分として摂取される。ノパルのビスケット、クッキー、健康バー、そして想像しうるあらゆる製品が、今では広く手に入るようになっている。ウチワサボテンが健康によいという根拠に説得力はあるものの、サルタン・ドラッグとそのカクティナ・ピレットのように、製造メーカーが「驚くべきスーパーフード」と宣伝するのは少々大げさではないかと思う人もいるだろう。

ある種のサボテンにメスカリン等のアルカロイドが含まれることは有名だ。この成分は人間に酔っ払ったような向精神性の効果を引き起こす。もっとも有名なのはウバタマとサンペドロ（学名 *Trichocereus pachanoi*）［通称 タモンチュウ／多聞柱］だろう。こういった物質はサボテンが身を守るのに役立つと考えられている。彼らは棘の代わりに、高濃度のこうした物質を体内に含んでいる（動物にとっては嫌な味で、食べる気が失せる）。これらが人間の神経系にどれほど大きく作用するかは注目に値する。

このようなサボテンはおもに宗教儀式の一環として摂取されてきた歴史がある。そしてウバタマは、精神活性作用に加え、痛みを鎮めたり、難産を助けたりする伝統的な薬としても使われてきた。同様にタモンチュウも、最近ではアルコール依存症や胃、肝臓、腎臓の病気の治療に使われている。[28]

アルカロイドを含有するサボテンとしてもっとも有名なウバタマは、棘のない小型のサボテンだ。原産地はメキシコ北部とテキサス州にまたがるチワワ砂漠だが、広い地域で栽培されるようになり、何千年もの間（7000年前にさかのぼる）宗教儀式や医療目的で使用されてきた。[29]

この小さなサボテンには棘がないので、動物が食べる気を失くすような巧妙な仕掛けを持たなけ

ウバタマ

ればならなかった。ひとつはカムフラージュである。このサボテンは小さい球形の「突出部」を頂部に作る。近くを通る動物には、それが糞の山に見える。ウバタマはまた、大きな塊状の主根に水分の多くを蓄えるが、当然ながら主根は地下にあるので喉の渇いた動物にも襲われにくい。最後の砦は、強いアルカロイドを含んでいることだ。動物はこれを非常に不快に感じる。メスカリンをはじめとする多くの物質を含むこのアルカロイドは、人間の精神にも変調をきたす。ウバタマは——実際には幻覚は引き起こさないのだが——しばしば非常に鮮やかな色や複雑な図形を見せるなど、人間の感覚を鋭敏にする。このサボテンを初めて摂取した人は強い吐き気を覚え、吐いたりめまいを起こしたりしたあとに「ハイな」あるいは「精神的な陶酔状態」が続く。[30]
初期のイエズス会の神父たちはウバタマを「悪魔の根（ライズ・ディアボリカ）」と呼び、先住民が使用しないように手を尽くした。その一方で、カトリックへ改宗させる際の儀式にウバタマを採り入れることもあった。[31] メキシコには、宗教儀式の重要な一環として今もウバタマを常用する部族がある。19世紀半ば、その使用は北にある合衆国へと広がった。20世紀にはこの地域に住むほぼ30万のアメリカ先住民がアメリカ先住民教会の会員となり、そこでは今でも聖餐の儀式でウバタマが食べられている。[32]
丈の高い柱サボテン、タモンチュウにもウバタマと同様の性質がある。ただしこちらのほうが効果はずっと弱いと主張する者もいる。ペルーの山岳地帯にあるチャビン・デ・ワンタルの神殿跡で、このサボテンを掲げる人間を描いた古代の石の彫刻が見つかっている。人間が少なくとも３０００年にわたりこのサボテンを摂取してきたことの証《あかし》と言えるだろう。
サボテンに敬意を表している古代の彫刻や陶磁器や像は他にも数多く発見されている。カトリック教会はその摂取を厳しく禁じたが、いくつかの教派はこの植物とカトリック信仰をうまく融合させた。タモンチュウが「サンペドロ」という明らかにスペインのカトリックらしい名前で知られるようになったのは、おそらくその証拠だろう。[33] タモンチュウはウバタマと同様に、摂取すると非常に強い嘔気と嘔吐をもたらす。
多くの画家や作家がウバタマを使用したことが知られている。おそらくもっとも有名なのはオルダス・ハクスリーだろう。恐るべき小説、『すばらしい新世界』（１９３２年）［大森望訳／早川書房

タモンチュウ

／2017年」の作者だ。彼はメスカリンの影響を受けながら何篇かの小説を書いた。彼の『知覚の扉』（1954年）［河村錠一郎訳／平凡社／1995年］は、明確にウバタマの影響を強調している。その後、ウィリアム・S・バロウズやそれに続くビートジェネレーション［第2次世界大戦後のアメリカ文学界で一世を風靡したグループ］の作家であるジャック・ケルアックやアレン・ギンズバーグらもこのアルカロイドを試したと言われる。

しかしこれらのサボテンは体への負担が大きいので、常用しようという人間はさほどいないだろう、という意見も多い。酔っ払ったような気分になる前に、非常に強い吐き気に耐えなければならないからだ。この植物の使用を規制する法律はたびたび改正され、その管轄もころころ変わってきた。合衆国とメキシコでは、ウバタマの所持、栽培、摂取は、アメリカ先住民教会のメンバーを除いては違法である（ただしその場合にもいくつかの法的な例外はある）。このふたつの国以外では規制はまったくないと言ってよいだろう。タモンチュウは一般的に神経系に働きかける作用は弱いとみなされ、ありふれた園芸植物として出まわっているくらいだから、ほとんどの地域で厳しい制限は加えられていない。ただし、栽培するのはかまわないが、それを摂取したりアルカロイドを抽出したりすることは違法とする地域もある。

2011年、メスカリン（と他の多くの同様の物質）を含むサボテンその他の植物の栽培をすべて非合法化しようとする動きがオーストラリアであった。ところが調べてみると、こういった物質はサボテンの多くの種に、微量ではあるが含まれていることが判明した。世界でもっとも広がっているウチワサボテンの数種も例外ではない。もっとも試算によれば、トラック1台分ほどのサボテンを摂取しても、人体への影響は取るに足らない程度だという。法制化の問題をさらに複雑にしたのは、化学成分の測定が行われたことのないサボテンが他に何百種もあると判明したことだった。これでは、何百もの他のサボテンの種がある日突然違法と指定されてしまうこともありうる。もっと厄介なのは、そのような物質が含まれる植物はサボテン科にとどまらないと判明したことだ。メスカリンやメスカリンと同様の性質を持つ物質は、多くのオーストラリア原産の植物のみならず、広範な植物に含まれている。詳細が明らかになるとこの法案に反対する声は高まり、最終的に廃案となった[34]。しかしこの騒動により、植物にはじつに多様な物質が含まれていることが明らかになった。

●家畜の飼料

もちろん、サボテンを食べるのは人間だけではない。とくにオオガタホウケンは家畜（ウシ、ヒツジ、ヤギ、ブタ）の優れた飼料になることが判明している。葉状茎はエネルギー、ビタミン、ミネラル、いくつかのタンパク質、そして何より水分を大量に供給してくれる。高い水分含有量を誇るサボテンは、乾燥した地域では理想的な食物だ。実際、ヒツジに葉状茎を与えておけば水をやる必要はまったくない（とはいえ、多くの穀類に比べればタンパク質、リンとナトリウムの含有率が低いため、いくらかの補足飼料は必要とされる[35]）。

一般的に、もっとも広く飼料として使われているのは棘なしウチワサボテンだが、棘のあるさまざまな種も効果的に使われている。一部の地域、とくにテキサス州では、飼料が不足するとウチワサボテンの畑全体で棘を焼く作業が行われることがある。棘があるとウシはサボテンを避け、その周りの草だけを食べるが、棘を取り除けばサボテンをよろこんで食べるからだ。これは、必要なときまで飼料を効果的に保持しておく戦略なのである。[36]
　サボテンの飼料としての利用は、ここ数十年で急速に高まっている。現在、オオガタホウケンを飼料用に栽培している国のトップスリーは、チュニジア（50万ヘクタール以上）、ブラジル（37万ヘクタール）、メキシコ（23万ヘクタール）である。[37]

第6章 サボテンを変える

多くの人々にとって、サボテンはとらえどころのない植物だ。人々はサボテンに対して複雑で多様な見方をしている。つまり、サボテンへの理解も、サボテンとのつきあい方もさまざまなのである。科学界ですらサボテンのアイデンティティはひどく流動的で、植物学者はサボテン科の改名と再分類を続けてきた。近年、さまざまな種と属がひとまとめにされたが、その一方で別のグループに分けられたものもある。何年か経つと新たな種が発見され、過去には別の種だと思われていたものが他の種の単なる変異あるいはハイブリッドだったとわかることもある。

この変動性に加え、サボテン自身の生物学的形状もまた不安定で、自然要因とさらには人間の介入により、今もサボテンは変化し、進化し続けている。変化を促進する要因は数多くある。サボテンはクローンを作ることも接ぎ木することも簡単だ。交配も容易だし、簡単に変質する。サボテンは実際、非常に変化しやすい生命体だ。人々はこの性質を大いに活用しているのである。

石化したサボテン。A・P・ドゥ・カンドール『サボテン科概説 *Revue de la famille des cactées*』(1829年)。

◉交配と選別

サボテンは同じひとつの種のなかでも大きな違いがある。形、質感、棘や花の色などさまざまだ。栽培者はこれらのバリエーションを生かして、とくに好ましい性質を持つものを選び、人工授粉してさらなるバリエーションを作り出そうとする。

さらに、サボテンは非常に簡単に交配する。まったく異なる種の交配だけでなく、異なる属の異種交配（明らかに二属間の雑種を作る）も可能だ。そのような交配は野生でも頻繁に起こり、多くの異種間、異属間のハイブリッドを自然に生み出している。ウチワサボテンのなかでもっともポピュラーなオプンティア・フィクス＝インディカ（学名 *Opuntia ficus-indica*）［通称 オオガタホウケン／大型宝剣］でさえ、オプンティア属（*Opuntia*）の異なる数種が自然に交雑してできたものだと考えられている。[1] 野生種の多くが複雑なハイブリッドだと考えられており、実際そのいくつかは、ハイブリッドのハイブリッドのハイブリッドだ。

サボテン栽培では、交配を利用してしだいに驚くような新しいタイプが作り出された。フェロカクトゥス属（*Ferocactus*）とレウクテンベルギア属（*Leuchtenbergia*）を交配した×フェロベルギア（×を前につけると、異なる属の種と種を掛け合わせたことを意味する）はその一例である。このふたつの種は外見が非常に独特だが、交配した結果、双方の特徴がみごとに融合したサボテンが生まれている。

サボテンの商業的な交配を行なった初期のもっとも有名な人物は、ルーサー・バーバンクだ。前

ルーサー・バーバンクと彼の棘なしウチワサボテン。1890年頃。

述したように、彼は19世紀末に長い年月をかけて、棘のない、そして大きくてジューシーな実のなるウチワサボテンを生み出すことに成功した。彼はこのサボテンの大きな将来性を見抜き、動物にとっても人間にとっても重要な食用作物になると予見している。

彼の育種への努力は、かなり大規模なものだった。何十万という交配した苗を育て、そこから選別し、さらに他に選別したものを人工授粉で掛け合わせた。目標は棘のないオプンティア属を作ることだったが、最初のハイブリッドのなかには親より棘が多いものもあった。だがバーバンクは気にしなかった。交配された植物のほとんどはより強くより頑健な子を作るからだ。これは雑種強勢と呼ばれる。彼はひたすら選抜育種を繰り返した。10年以上の努力を重ねたのち、ようやく有望な結果を得た。ルーサー・バーバンク・カンパニーは１９１２年のパンフレットで、次のように自画自賛している。

バーバンク・カクタスの夢物語と驚異を語りつくそうとすれば、それは長大な本になるにちがいない。脅威の研究者、ルーサー・バーバンクの16年におよぶ忍耐と努力の物語は、文学作品になってもよいぐらいだ。想像してみてほしい。ひとりの男が世界のサボテンを集め、すべてのなかから一番よいものを選び出し、それから何百万という苗を育て、交配に交配を重ね、選別に選別を重ね、そしてとうとう16年後に、この地道で骨の折れるプロセスを経て、何百万というサボテンを使って、勝利を収めたことを。この7株のサボテンはただ棘がないというだけではない。栽培し飼料にする価値のあるものだ。彼はそのために、これほど長く戦ってきたのである。[2]

バーバンク自身は自分が「棘のない」サボテンを育てようとした最初の人間でないことは承知していたが、彼の努力がこれほどまでに注目された要因は3つある。ひとつはその規模であり、ひとつはすばらしい成果だ。最後のひとつについては、サボテンの専門家でもある作家のゴードン・ローリーがこう述べている。「とりわけ、可能性のある何百何千の苗から数株の苗を見分ける並外れた技術を彼は発展させた。綿密な観察と経験と直感が結びついた結果だ[3]」

バーバンクは「完璧」なサボテン、つまり改良された実をつけ、本当に「棘がない」――芒刺は完全になくなったわけではなかったが――サボテンを作るのに成功すると、今度は何千ものクローンを作るのに着手した。彼は葉状茎を割き、それを植えるという単純な方法をとった。種で繁殖させるのでは、まったく同じ複製を作ることにはならないからだ。宣伝カタログには次のように書かれている。

「バーバンクの」サボテンはつねに茎の切片から育てられる。けっして種子からではない。種子から育てると棘の多いサボテンに戻るが、切片から育てるとそのようなことがないからだ。これを何千回も繰り返すことで、棘のない新たなサボテンは棘のあるサボテンには戻らないことが証明されている。ボールドウィン種のリンゴがベン・デイヴィス種に変わったり「ともにアメリカのリンゴの品種」、バートレット種のナシが野生のナシに変わらないのと同じことだ。[4]

バーバンクは情報通であるうえマーケティングが巧みだった。彼のサボテンはアメリカでも広く知られるようになり、たびたびニュースでも激賞された。それまでほとんどの人々が「サボテンイコール棘」という印象を抱いていたが、バーバンクのサボテンはこの頑固な思い込みにユーモアたっぷりに異議を唱え、大衆の心を非常にうまくつかんだ。棘なしサボテンを称賛する数えきれないほどの絵葉書とパンフレットが作られ、広く配布された。

バーバンクの棘なしサボテンは今も世界じゅうに存在している。彼のオリジナルのオプンティアは保管され、その後生まれた変異種が商業的に栽培されている。現在は、実のなるサボテン、とくにウチワサボテンとドラゴンフルーツの栽培品種の改良に多大な努力が払われている。もっと大きくもっと甘い、もっと風味豊かな実を作ろうとしているのだ。

◉栽培品種の技術

交配と選別に関しては、当然すばらしい技術が開発されている。そして多くの驚くような新しいサボテンの栽培品種が絶えず作られている。もっともめずらしい品種改良は、アストロフィトゥム属（*Astrophytum*）に見られる。このこぢんまりした属に含まれる種《しゅ》はわずかだ。アストロフィトゥム・アステリアス（学名 *Astrophytum asterias*）［通称 カブト／兜］、アストロフィトゥム・カプリコルネ（学名 *A. capricorne*）［通称 ズイホウギョク／瑞宝玉］、アストロフィトゥム・ミリオスティグマ（学名 *A. myriostigma*）［通称 ランポウギョク／鸞鳳玉］、アストロフィトゥム・オルナトゥム（学名 *A. ornatum*）［通称 ハンニャ／般若］、そして最近発見されたアストロフィトゥム・カプト＝メドゥサエ（学名*A. caput-medusae*)(2001年に初めて発見された)である。
種子から育てたものは別として、もっとも手に入りやすい品種には棘がないので、アストロフィトゥム属は非常に人気が高い。「サボテンは好きではない」と言う人にも、そのコンパクトで独特な形はアピールする。そのため、これらの種を栽培する意欲も高まり、いくつかのすばらしい品種が生まれた。もっとも有名なのはカブトの栽培品種で、日本で作られている。なかでも一番よく知られているのが「スーパーカブト」だ。これらは高い評価を受け、コレクターからの人気も高く、法外な値がついている。このサボテンの特徴は、印象的な白いふわっとした斑点が散らばっていることだ。
「スーパーカブト」は竹尾雅臣によって日本で開発された。彼は1981年に合衆国の種苗場で奇妙な、変色したカブトが枯れかけているのを見つけた。彼はこのサボテンを生き返らせ、これをもとに友人の佐藤勉とユニークな品種を育て、それが「スーパーカブト」になった。市販は1983年に開始されている。[5] これらの栽培品種は日本や他の多くの国々で、個人や大手の種苗会社によってさらに開発が進められた。最近作られたサボテンのなかには、もともとの野生種とほとんど似たところがないものもある。稜の数に大きな違いがあり(3本から8本)、模様、色や質感、形や花の色などさまざまである。[6]
他の有名な栽培品種は着生サボテン、とくにスクルンベルゲラ属(*Schlumbergera*)のハイブリッド(しばしばシャコバサボテンと呼ばれる)内で数多く作られている。華やかで長持ちするさまざまな色の花を咲かせる品種を作るために、多大な努力が払われた。クジャクサボテンはエピフィル

エピフィルム属の栽培品種

ム属（*Epiphyllum*）とディソカクトゥス属（*Disocactus*）から生まれたハイブリッドで、すばらしい花をつける。

◉サボテンの接ぎ木

サボテンの接ぎ木はとても簡単だ。異なるサボテンの切片の維管束を接合すればよい。種や属、亜科が異なるサボテンを接ぎ木してもとくに問題はないようだ。[7]

おそらく接ぎ木したサボテンでもっとも人気があるのは、ギムノカリキウム・ミハノヴィチイ（学名 *Gymnocalycium mihanovichii*）［通称ヒボタン／緋牡丹］の有色品種（赤、オレンジ、黄色、紫）だろう。これはヒモサボテン属（*Hylocereus*）を台木《だいぎ》にすることが多く、しばしばムーンカクタス、あるいはいささかの軽蔑を込めてロリポップカクタスと呼ばれる。真っ赤なロリポップキャンディ（棒つきキャンディ）そっくりだからだ。当初、多くの人々はこの鮮やかな色を花と間違えていた（あるいは鮮やかな人工染料が注入されていると思い込んでいた）。じつはこれはアルビノ［先天性色素欠乏症］のサボテンで、本来あるはずの緑のクロロフィル色素がないため、もともと存在している他の色素が見えているのだ。しかしクロロフィルがなければ光合成はできない。生き延びさせるためには緑色の（光合成のできる）台木に接ぎ木しなければならない。

これらのアルビノのサボテンは植物学者の渡辺栄次により日本で生まれた。彼は１９３０年代末に数百のギムノカリキウム属（*Gymnocalycium*）の種子をドイツから輸入した。それを使って1万本を超える苗を育てたところ、突然変異でそのうちのふたつがはっきりと赤みを帯びた色をしていた。彼はこれらをさらに改良し、最終的に真っ赤なアルビノを見つけ出して「ヒボタン」と名づけた。彼は他の色のサボテンも開発し、その多くはいくらかクロロフィルを含んでおり、彼はこれに「ヒボタンニシキ」と名づけた。[8] 数十年も経たないうちにこの品種は毎年数百万本売れるようになった。今日では韓国、そしてしだいに中国が主要な輸出国となっている。

じつは有名なコレクターのほとんどは、このサボテンをあまり評価していない。それには多くの理由がある。ひょろっとした台木に載っていて、人工的で安っぽく見えるというのが理由のひとつだ。おそらく、日本生まれであることも関係しているだろう（日本は国際的に見てサボテン研究の先進国ではない）。それに、以前は「メイドインジャパン」は低コストの量産品と同義語で、安っぽいちゃちなものと同一視されることが多かったという事情もある。

さらなる理由は、このサボテンがあまり長命でないという点だ。台木のヒモサボテンはもともと熱帯植物で寒冷な気候では育てるのが難しい。ところが穂木《ほぎ》となるギムノカリキウム属の成長は早く、ほっそりした台木にとってはそれがストレスとなってしまう。栽培者の経験が不足していると、接ぎ木したサボテンはほとんどが1年もたない。ゴードン・ローリーは（からかい半分に）、計画的に枯れるようにしているのではないかと言外にほのめかしながら、次のように書いている。台木は「通常よりも暖かくしておかなければ最初の冬に枯れてしまい、客は代わりのサボテンを買い求めることになるだろう」[9]。現在のコレクターたちがサボテンの変異種や型破りの品種に熱を上げていることを考えると、こうしたサボテンが依然として冷遇されているのは興味深い。

しかしもっと丈夫で魅力的な台木にこのサボテンを接ぐ愛好家もいる。それに、たとえ目利きに高く評価されなくてもこのサボテンは非常に人気があり、サボテン初心者には手ごろな「入門」品種となっている。そしてそのような持ち主の多くが、のちのち並外れたサボテン愛好家への道をたどることになるのである。

成長の遅い品種は丈夫な台木に接ぐとたいていうまくいく。成長ホルモンの大半はサボテンの根のなかから生じ、接ぎ穂にまで押し上げられる。このホルモンが通常より強く押し寄せることで、接ぎ穂はずっと速く、ずっと大きく育つ傾向がある。こうして接ぎ木はダメージを受けた植物を救い、成長の遅い品種の育成を後押しするための基本的な戦略となるのだ。若株の成長を促進するのにも利用できる。若株は茎の細いペレスキオプシス属（*Pereskiopsis*）に接ぎ木されることが多い。成長できる大きさになったら台木から切り離し、基部にカルス［切り口を覆う癒傷《ゆしょう》組織］を形成させれば土に植えることができる[10]。

時々、ふたつの異なる種の接ぎ木がとてつもなくすばらしい成果を生むことがある。単なる共生

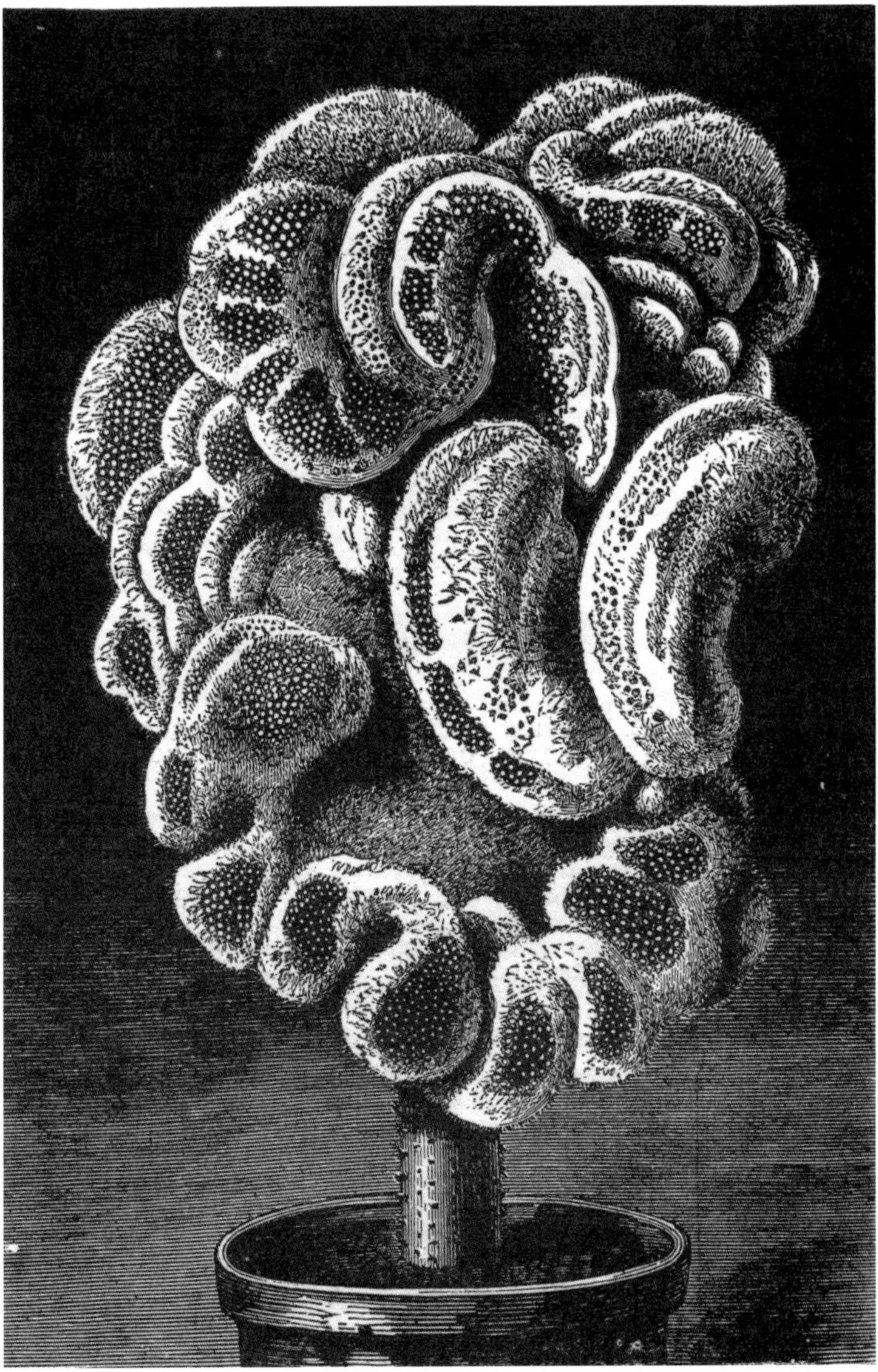

接ぎ木された「綴化」サボテン。1887年頃。

関係にとどまらず、台木と接ぎ穂がひとつの生命体に融合するのである。たとえば、接ぎ穂は自分の持ち味を維持しつつ、台木特有の性質を獲得したりする。そのようなすばらしい融合は、さまざまな動物の特徴を併せ持つ神話の獣の名前をとってキメラと呼ばれることもある。

これは伝統的な意味でのハイブリッドではないため、名前の前に×をつけるのではなく、ふたつの種が合わさったことを示すために＋の印をつける。たとえば、ヒモサボテン属とギムノカリキウム属の多くのキメラは、＋ヒロギムノカリキウム（＋*Hylogymnocalycium*）を作る。ローリーはそれを、ギムノカリキウム属の「ヒボタン」が台木であるヒモサボテン属を吸収合併したものだと形容している。[11] 別の比較的よくある例は、＋ミルティロカリキウム（＋*Myrtillocalycium*）「ポリプ」だ。これはミルティロカクトゥス属（*Myrtillocactus*）とギムノカリキウム属を接ぎ木で融合させたものである。[12]

◉突然変異

サボテンは変異しやすい。実際、奇妙な姿に変異したものは多数現れてきた。変異の理由は不明のままだが、多くの説が唱えられている。環境ストレス、異常気象、病気、農薬の使いすぎ、物理的外傷、「遺伝的浮動」［同じ生物集団内で特定の遺伝子が占める割合が偶然変動する現象］などだ。突然変異を直接防いだり誘導したりする方法はまだわかっていないが、最近では、奇形のサボテンを選別し、育て、大切に扱う（かなり不自然だが）方法はわかってきたように思われる。

変異したサボテンに対するサボテン愛好家の態度は、昔と今とではまったく違う。1960年にエドワード・ブルームは「普通でない、つまり奇形のサボテンは敬遠すべきだ。けっして満足のいくものにはならないし、そのようなサボテンがあることでコレクションの見た目がだいなしになる」と断言している。[13] これは近年ローリーが述べていることとは対照的だ。

区画いっぱいに植えられた苗を丹念に調べ、ほとんどの栽培者が無意識のうちに捨てるであろう奇妙な異端者を救いだすとき、私は大きな満足感を得ることができる。大きな種苗場で鉢に植えられた何千という苗を調べて、変わったものを選んだときもわくわくする。売り手が黄色い筋や開いた頂部に気づいてあわてて売り場から撤去しないでいてくれることを願いながら。[14]

もちろん、誰もが変異サボテンを称賛するわけではないが、明らかに人気は高まっているようだ。入手可能な種を収集したあとに何か他のものが欲しくなり、もっと変わった品種や変異種を手に入れようと躍起になるコレクターも間違いなくいるだろう。現代の市場では一般的に、変異種のサボテンは平凡な――つまり変異していない――サボテンに比べてかなり高値で売られている。

変異したサボテンが以前の自然な――そして通常はもっと元気な――姿に戻ろうとすることがある。新たに成長した部分や子株が変異の弊害を克服しようとするかのように、他の石化［成長点が乱れて予想外の育ち方をすること］した部分と同じ特性をまったく示さない場合もあるのだ。しかし今日では多くの栽培者が、植物がもとに戻ろうとするのを助けるのではなく、正反対のことをする。正常に成長した部分を目ざわりなものとしてさっさと取り除き、サボテンが完全に石化したままに

フェロカクトゥス属の斑入りサボテン

するのである。これはつまり、変異が継続するような「不自然な選別」を自ら行うことを意味する。

サボテンの変異でもっとも一般的なタイプは3つある。斑《ふ》入り、綴化《てっか》、石化《せっか》だ。斑入りは色合いの変異だが、綴化と石化――これらは関係があり、帯化《たいか》とも呼ばれる――は形状の変異である。

斑入りのサボテンは緑色の茎のなかに白、黄、赤、オレンジ、紫などの筋が入り、葉緑素がほとんど、あるいはまったくない部分を持つ。逆斑入りのサボテンは、こういった色のひとつが主色となり、そこに緑の筋が入る。一般に逆斑入り、そして完全にアルビノのサボテンは簡単に日焼けするので、入念なケアが必要になる。多くは光合成ができなくなるので、光を多く当てるか、緑色の台木に接ぎ木する必要がある。

綴化サボテンは、変異した、あるいは異型の品種で、成長点に異常が生じて線状になり、広がって成長したものだ。先端は扇形に広がるか、ときにはブ

綴化サボテン。右側の茎は正常な伸び方に戻っている。

綴化したベンケイチュウ

レインカクタスのようにらせん状になって不規則に巻きつく。

野生ではサワロ（学名 *Carnegiea gigantea*）「通称 ベンケイチュウ／弁慶柱」がときに変異し、驚くような綴化を見せる。ソノラ砂漠では数千本の綴化したベンケイチュウが長年の間に確認されている。もっともベンケイチュウの総数からすればほんのわずかな割合にすぎない。

綴化ベンケイチュウはその独特な性質のために称賛され、ごく最近になって、「正常な」変異していないベンケイチュウよりも法で保護されるようになってきた。変異サボテンへの関心が現在高まっているのとは逆に、南米の先住民は変異したサボテンの実を食べるのは避けてきた。たとえその実が正常なサボテンの実とまったく同じであっても。[15]

綴化サボテンと似ているのが石化サボテンだ。この変異もサボテンの物理的形状に影響をおよぼし、非対称的な成長をすることが多い。節くれだったりこぶ状

綴化したサボテン

マミラリア・ボカサナ。石化種で通常「フレッド」と呼ばれている。

になったりするものもあれば、本来あるはずの棘を欠いているものもある。

もっとも一般的なのは、パキケレウス・スコッティ石化種（学名 *Pachycereus schottii var. monstrosus*）［通称 ジョウテイカク石化種／上帝閣石化種］だろう。これはじつに頻繁に自然界で起こるようだ。棘がないことが多く、節くれだった彫刻のような外観で、トーテムカクタスとも呼ばれる。

もうひとつはマミラリア・ボカサナ（学名 *Mammillaria bocasana*）、通称「フレッド」で、近年大量に栽培されている。これも棘がないのが普通で、斑入りになる非常に多くの（しかし小さい）子株を吹く。

三番目はトリコケレウス・ブリジシイ（学名 *Trichocereus bridgesii*）石化種だ。これは成長点が表皮の下深くに埋没していて、新たな茎が出る際には文字通り古い表皮を突き抜けて成長する。ひどく不自然に見えるプロセスだ。

石化サボテン、トリコケレウス・ブリジシイ石化種。新たな茎が外皮を突き破って伸びようとしている。

◉組織培養と遺伝子組み換えされたサボテン

組織培養は非常に小さな組織サンプルから植物のクローンを作る技術だ。組織培養で新たな植物を作るにはほんの小さな断片があればよい。分裂組織の細胞（新たな植物を作るのに必要な情報が含まれている細胞）がひとつあれば十分であり、サボテンが大きくなるまで待つ必要はない。一般に分裂組織はサボテンの刺座のすぐ下に見られるが、棘や毛に守られていて採取が難しいこともある。細胞を取り出したら殺菌し、栄養分と成長ホルモンの入ったゲル溶液に漬ける。各分裂組織はやがて加速度的な速さで根と芽を作り始める。こうして、数千とは言わないまでも数百のクローンが、非常に短い期間でひとつのサボテンから作り出される。[16]

たとえばヒボタンは子株を作るのが早いほうだが、国際市場で需要の多いサボテンを大量に作るためには、組織培養で繁殖させる方法も利用されている。この方法は絶滅寸前の種を遠隔地で速く繁殖させるのにも、さらには新たな特殊なハイブリッドや変異種を繁殖させるのにも有効だ。とくに、子株をほとんど作らない種や、発芽率が低い場合、自家不妊だったり成長が非常に遅かったりする場合には重要な方法となる。[17] 現在はこの技術は進歩し、より利用しやすくなったので、今後はおそらくサボテンの標準的かつ基本的な繁殖方法となるだろう。

ほとんどの生命体に言えることだが、サボテンも遺伝物質を操作することで故意に性質を変えることができる。芸術的目標と科学的目標をともにかなえようという興味深い実験が、イギリスのC-Labというグループによって実施された。美術と科学を融合させて「バイオ・アート」を生み出すのだという。2001年、芸術家のローラ・シンティが「カクタス・プロジェクト」と銘打った試みに着手した。人間の毛髪から採取したケラチン遺伝子をサボテンの細胞に組み込むという実験だ。サボテンは、じつに意外なことだが、普通のサボテンの毛（トリコーム）よりも紛れもなく人間の毛髪に似た「毛」を生やし始めた。もっとも、プロジェクト概要によればその毛の実際の性質と、それが本当に「人間の」毛髪か否かについては、その後議論が起こったという。[18]

ある作家は冷静に、なぜ人はこの毛が人間のものだと考えるのだろう、と疑問を呈している。「その毛は今はどう考えてもサボテンのものではないだろうか?」ただしこの作品を実際に見た人にとっては、まるでサボテンを通して髪の毛が成長し、表現されているように思えるのは明らかだ。[19] いずれにしろこのプロジェクトは、サボテンの絶えず変化するアイデンティティについて、さらにはサボテンに対して潜在的に抱かれる文字通りの擬人観について多くの興味深い問題を提起したことは

遺伝子を操作したサボテン、「人間の髪」を表現している。C-Lab、イギリス。

事実である。

◉とらえどころのないサボテン

世界はサボテンのアイデンティティを突き止めようと格闘し続けているが、この植物自身は相変わらずとらえどころがなく、次々と苦も無く姿を変えているように思われる。この変化の多くは自然に起こるが、人間の介入によるものもかなりある。

なぜこうしたことが起こるのか、人間がこのようにサボテンに余計な世話を焼いてしまうのはなぜなのかを、おそらく私たちは問いかけるべきだ。それはサボテンがパラドックスに満ちた存在だからなのだろうか。

芸術や文学において、人間はサボテンと真剣に取り組むべく、そのときどきでサボテンを称賛し、悪者扱いし、擬人化してきた。非常に多くの相反する特徴――その結果、人間は非常に多くの相反する解釈をしてきた――を持つサボテンに、私たちは絶えず「君はいったい何者なのか」と問いかけてきたように思われる。そしてサボテン自身も、自分たちが何者なのか、さらになぜこれほど劇的かつ容易に属と属の間でハイブリッドを作り、変異するのだろうかと問いかけているように思われる。だからこそ、私たちは楽しみながらも彼らをさらに何か別の存在に変えているように思える。そうすることで彼らを最終的に理解できると考えているのかもしれない。この想像が当たっていないとしても、私たちは少なくとも、注目に値する生きた彫刻を作るのにひと役買っていることになるのだろう。

「トーテムポール」カクタス、ジョウテイカク石化種。

第7章 サボテンを守る

収集価値のあるもの――と聞いて多くの人々が思い浮かべるのは、おそらくブリキのおもちゃであり、磁器の人形であり、アンティークの壺などだろう。サボテンを思い浮かべる人はほとんどいない。しかしサボテンには収集価値が大いにあり、人は何世紀にもわたりこの植物を収集してきた。サボテンはもちろん生命体だ。だが、そのデザイン、ちょっと変わった姿や成長の遅さゆえに、多くの人々はサボテンを生命体ではなく、オブジェのように考えてしまう。生きた存在というよりは、彫刻作品のように見てしまうのだ。何十年もその形を維持し、まったく変わっていないように思える種もあるほどだ。ある作家がヨーロッパのサボテンコレクターについて次のように述べている。

彼らは夏の休暇に出かける際もサボテンの水やりについて心配しなくてよいし、必要以上に難しいことをしなくても冬を乗り切ることができる。サボテンは冬期には水を必要としないため、紙に包んで乾燥した寒い部屋の引き出しに入れておいてもいいくらいだ。[1]

サボテンのコレクション。フランクフルト、1905年頃。

種子や球根ならともかく、紙に包んで冬の間ずっと引き出しに放置しても生きていられる植物なんてめったにあるものではない。もちろんそんなことはほとんどのサボテンにとって望ましいことではないだろうが、彼らの特異性をよく表している言い方ではある。

多くのサボテンは十分に成長してもコンパクトなサイズ——陳列棚によく置かれる小さな収集品と同じくらいだ。だから小さな観賞用サボテンのコレクションならば窓台に十分置けるし、もし数百あったとしても小さなテーブルに載ってしまうかもしれない。サボテン科は約1500種を数え、加えて数えきれないほどのハイブリッド、変異種、そして異形など、コレクターが収集するサボテンは数多くある。

サボテンコレクターを自認する人々は、他のものも収集していることが多い。クラウディア・チャン＝ショーは、収集と収集可能なものについて、次のように述べている。

世界は収集する人間としない人間でできている。収集を必要とする人間もいれば、必要としない人間もいる。収集の指揮権はコレクターにあり、限界を設定するのもコレクター自身だ。彼らは何を専門に集めるか、あるいは質を追求するか量を追求するかといった決定を下す。コレクションを並べたり並べ直したり、点検したり、目録を作ったり、陳列したり、整理したりすることに大きな充足感を得る者もいるだろう。コレクターを特徴づけるのはそのコレクションであり、何が貴重かはコレクターによって異なる。[2]

ジャン=レオン・ジェローム『サボテンコレクターの肖像』。1853年、油彩、カンヴァス。

コレクターはほとんどなんでも集めることで知られているが、植物界で彼らをもっとも引きつけるのはサボテンだ。対象が何であれ、コレクターはレアなもの、あるいはまだ広く知られていないものを探し求める傾向がある。サボテンは型にはまらないもの、予測できないものであり、唯一無二のものだとさえ思われる。これこそがまさしくコレクターを大きく引きつける理由である。

1853年、画家のジャン＝レオン・ジェロームは『サボテンコレクターの肖像』を描いた。机の前に座った上品で教養が高そうな紳士のそばには小さな鉢植えのサボテンが置かれている。人は彼が植物ではなく美術品や骨董品に造詣が深い「コレクター」だと思うだろう。「コレクター」と聞くと大量の品を集めているイメージがあるが、さまざまなサボテンにかこまれるのではなく、彼はひとつだけ選び出したものをそばに置いている。私は質と稀少価値を求めるコレクターです、と主張しているかのようだ。

一口にコレクターといってもさまざまだ。手に入るものなら何でも買っておく者もいれば、選び抜いたものだけを根気よく探す者もいる。特定のサボテンを求めるのに膨大な時間と金を費やす者もいる。チャン＝ショーはこう説明する。「コレクターは強迫観念にとらわれたギャンブラーに少し似ています。追跡、狩りのすべてのプロセス、最後に手に入れたときの達成感に胸を躍らせます。獲得することが甘美な勝利なのです[3]」

ブラジルあるいはチリ原産のサボテンに限定して収集するコレクターがいるかと思えば、アリオカルプス属（*Ariocarpus*）にこだわるコレクターもいるかもしれない。着生サボテンの特定の品種、あるいは綴化、石化したサボテンだけを収集する者もいるかもしれない。サボテンを順序良く並べ

さまざまなサボテンを描いたカード。1907年頃。

るのが大好き、という者もいるだろう。

おそらく彼らは属や種に従って、物理的な特性（毛深いサボテン、着生サボテン、柱サボテン、あるいは球サボテンなど）によって、あるいは原産地（メキシコ、ペルー、テキサス、キューバなど）によって整理するのだ。可能なかぎり産地を特定し、その種が生息地のどこで見つかったかについて詳細な座標を書き留める者もいる。気候が適した場所で暮らしている者はサボテン用の庭を持ち、大型の柱サボテンや木のような品種を植えているかもしれない。

サボテン収集にはその時々の流行がある。20世紀初頭にはオールドマンカクタス（学名 *Cephalocereus senilis*）［通称 オキナマル／翁丸］が大人気で、サボテン収集界を活性化させ、新たなサボテンファンを数多く生み出した。その人気はやがて衰えたが、数十年を経て復活している。現在はエキゾチックな栽培品種や変異種への関心が高まっている。こういったサボテンはその異常さゆえに避けられるのではなく、そのめずらしい特徴ゆえに受け入れられている。あるコレクターは次のように述べる。「一流のコレクターが石化したサボテンや綴化したサボテンを集めるのは、それが世界にひとつしかないからです[4]」

コレクターが収集するサボテンの数が数十株から数千株にまで加速するのはあっという間だ。多くの人は特定の品種をひとつかふたつ集めることから始めるが、すぐに近縁種に夢中になり、さらにその近縁種へと進む。また、次々と新たな株を手に入れるだけでなく、持っているサボテンを増やすのにも夢中になる。少々楽観的な視点から、あるコレクターは次のように述べている。

サボテンコレクターが肝に銘じておくべきなのは、収集したサボテンひとつひとつが彼自身にとっても、あるいは将来それを買うかもしれない人間にとっても、年を追うごとに価値を増すということだ。もし枯れなければ、サボテンは他の投資と同様に年に約10パーセントずつ価値が上がる。なお、多くのサボテンが子株を作り、サボテンの数が年ごとに2倍、そのまた2倍に増えていくことはここでは計算に入っていない。また、サボテンから採った種子を植えて、それが何千株にも増えることも計算には入っていない。[5]

ただし、サボテンの世話には手がかかるということ、そしてそれゆえ、陶器の人形を集めるのとサボテンを集めるのとではわけがちがうということは覚えておく必要がある。サボテン栽培者は口を揃えてこう助言する——きちんと世話できる数のサボテンしか入手してはならない、と。

●サボテンを育てる

たとえいくつかのサボテンが植物よりもオブジェに近いと思えても、もちろん生き物なのだから一定の世話は必要だ。サボテン科は非常に多様で、品種ごとに同じくらい多様な栽培要件がある。成長が非常にゆっくりしたものもあれば、きわめて速いものもある。かなり寒冷な気候に耐えられるものもあるが、多くはそうではない。サボテン愛好家は長い時間をかけて、みな自分なりの特別な園芸方法を開発してきた。しかし心に留めておくべき共通のポイントもいくつかある。

水はけはもっとも大切だ。土は浸透性の高いものでなければならない。一般的には培養土と多孔質材料（粗砂など）を半々に混ぜたものがおすすめだ。とくに乾燥した地域原産の、成長の遅い小ぶりのサボテンでとくに塊根を持つものには、多孔性の土を増やす。１００パーセントでもよい（ただしこのような極端な方法は、ほとんどのサボテンにはあまりおすすめできない）。成長の速い柱サボテンやほとんどの着生サボテンは、混ぜる培養土の割合を多くするとよい。[6]

生育期のサボテンにはたくさん水をやらなければならない。一般的に春から晩夏までだ。しかし水やりと水やりの間は土は完全に乾いていて差し支えない。比較的小ぶりの成長の遅いサボテンはほとんどが乾燥した気候に慣れているので、冬にはあまり多くの水をやるべきではない。成長の速い柱サボテンや着生サボテンのなかには、多くの水を必要とし、冬でもいくらか水をやったほうがよい（雨でもよい）ものもある。サボテンの代謝は一般に約10℃で止まる。寒いと根から水を吸収しにくくなるので、水をやりすぎると腐る原因になる。[7]

ほとんどのサボテンは暖かくて日当たりのよい環境を好む。日光をいっぱいに浴びるとよいもの、あるいは部分的に日光を遮ったほうがよいものなどの程度の差はあるが、どのサボテンも日光が好きだ。多くの砂漠のサボテンは直射日光をよろこぶが、サボテンはどれも日焼けしがちで、とくに気候に順応していないとストレスを感じる傾向がある。新しい株はとくに、最初は直射日光に当てるのを制限すべきだ。

アリゾナ州では人口増加、産業開発、建設ラッシュのために、アイコンともいうべきサワロ（学名 *Carnegiea gigantea*）［通称 ベンケイチュウ／弁慶柱］の多くが移動を余儀なくされている。残念ながら、移動させられて生き延びるサボテンはわずかだ。最初の1～2年は元気に見えるのだが、多くが移植されたショックからゆっくりと弱っていく。こうなるのを防ぐため、スコッツデール［アリゾナ州の都市］が移植に関する多くのガイドラインを作ったところ、ほとんどのサボテンの移植に功を奏した。その一部は次のとおりである。

- ベンケイチュウを掘る際、最低でも根を基部から60センチ残し、根鉢《ねばち》［植物を掘り上げた際に出てくる、根と土がひと塊になった部分］をかなり大きめに取れるよう十分深く掘ること。
- ベンケイチュウを植え直す際には、最初に植わっていたのと同じ深さにする。あるいは深くなっても差を15センチ未満に抑えること。
- ベンケイチュウが日焼けするリスクを減らすため、植え替える前にどの部分が北を向いていたかの印をつけておき、同じ向きに植え直すこと。

・根の成長をうながし水はけをよくするために、元の土と砂土《さど》を混ぜたもので完全に包むこと。
・移植後、傷ついた根が治るまで2〜3週間は水をやらない。
・雨が降って元気になり伸び始めたら、ベンケイチュウは落ち着いていると考えてよい。[8]

ほとんどのサボテンは乾燥した地域の原産で、水はけのよい土で育っているので、湿った寒冷な気候では、あるいは水をやりすぎると真菌に感染しやすい。真菌感染症は普通は植物の基部、根の先端から始まる。感染した植物はすぐに他のサボテンから隔離しなければならない。感染症が進行すると殺菌剤を使用しても完治しないことが多い。その場合の最良の解決策は、植物を茎の上のほうの十分健康な箇所で切り、それを再繁殖させて残りの部分は廃棄することだ。[9] 別の鉢に移し替える際には、新品の、あるいは殺菌した鉢がおすすめだ。鉢植え用の土も同様にすれば真菌が広がるのを防ぐことができる。

サボテンのほとんどの栽培者は害虫に動揺する。よく知られているのは2種類、――コナカイガラムシとカイガラムシである。コナカイガラムシは小さな白い虫（体長1〜3ミリ）で、サボテンの稜の間、棘の下、あるいは根の間に隠れている。身を守るために蠟質の白い皮膜をまとっていることが多い。またアブラムシと同様に、植物の汁を吸うことによって植物を弱らせる。すぐに植物を枯らすわけではないが、あっという間に繁殖するので、この虫の存在に気づいたらすぐに駆除すべきだ。手を使って処理するのはうんざりするが、被害を食い止めるには有効だ。単純に指か楊枝で押しつぶすのでもよいが、アルコール（あるいはメタノール変性アルコール）に浸した綿棒か小

サボテンを商業生産するための設備

さな絵筆を使うのがよい方法だ。カイガラムシは小さな茶色の瘤《こぶ》となって茎に現れる。その下に彼らはいて、卵を産みつける。茶色い部分をこすり落としたのち、アルコールで消毒するとよい。[10]

害虫の侵入は新たに入手した株からもたらされる場合がほとんどだ。ゆえに新しいサボテンはすべて別の鉢にすぐ移し替え（害虫や腐敗がないか、根の間を入念に調べること）、2週間隔離するとよい。隔離期間中も繰り返し株をチェックし、必要に応じて処置をする。

殺虫剤はいくつかの種類があるが、接触剤と浸透移行性剤が主要なものだ。接触剤は直接害虫にかけることで殺す。浸透移行性剤は、殺虫成分を根や葉から植物全体に取り込ませることで、植物を食べる虫を殺す。殺虫剤は植物、人間、動物の健康と環境に大きな危険をおよぼす可能性があるので、ほとんどの栽培者は使用頻度と使用法に非常に慎重である。害虫を手で取り除き石鹸のような混合物で植物を洗う、といったオーガニックな方法に切り替える者も多い。

害虫は大きな問題だが、多くの栽培者は哺乳類、つまりフクロネズミ、ハツカネズミ、そしてとくにクマネズミからの被害に悩まされている。あるサボテン栽培者は次のように嘆いている。


クマネズミやハツカネズミはサボテンのハウスに侵入すると、よりによって一番攻撃してほしくないサボテンを必ず襲うのはなぜなのか。以前、私のサボテンのなかでも一番大きく一番すばらしい、高さ30センチのダークグリーンのアストロフィトゥム・ミリオスティグマ「ヌーダム」（学名 *Astrophytum myriostigma var.* 'Nudum'）［通称 ヘキルリランポウギョク／碧瑠璃鸞鳳玉］が攻撃され、頭部全体がかじり取られたことがある。私はこのサボテンを捨てることができなかった。そしてそれを見るたびに、クマネズミが入って来る穴や場所がないよう警戒しなければならないと肝に銘じるのだ。[11]

クマネズミが商用の種苗場や大規模なサボテンコレクションをどれほど破壊したかについては、数多くの証言がある。クマネズミは大口を開けてひと口かふた口かぶりついただけで次の獲物に移るので、ほんの数匹が侵入しただけでもひと晩で数百のサボテンがだめにされる。

繁殖が容易であることはサボテンのすばらしい特質だ。従うべきガイドラインは、いくつか簡単なものがあるだけだ。通常は挿し木は生育期に行うのが望ましい。もしサボテンから子株が出ていれば、これを継ぎ目の部分で切断してそのまま使える。もし茎が1本しかないサボテンならば、胴切り［サボテンの茎を途中から切断して植え替えること］する。ナイフは清潔かつ切れ味のよいものであること。そして刃がぎざぎざになっていてはいけない。切断したら、挿し穂にカルスが形成されるまで最低でも2週間以上待つ。普通は数週間かかる。それから挿し穂を多孔質の土に立てるが、さらに2週間は水をやってはいけない。こうすれば、サボテンのコピーを非常に迅速に多数作ることができる。

●サボテンの取り引き

一部のサボテンコレクターは、副業でサボテンを取り引きするまでになることがある。おそらく地元の同好会やクラブで他のサボテン愛好家に売ったり、インターネットで販売したりするのだろう。サボテンはコンパクトなものが多いので発送もしやすい。しかし取り引きされるサボテンの大部分は、中規模あるいは大規模な種苗場で栽培されたものだ。しばしば商業販売の先駆者とされる一番の老舗業者は、ドイツのエルフルトにあるカクテーン・ハーゲだ。この種苗場は１８２２年創業で、現在も営業している。他の多くのヨーロッパの種苗場も19世紀半ばまでに開業しており、たとえばパリにはサボテンと多肉植物専門で人気の種苗場がある。この種苗場はムシュー・シュタイナーが経営権を所有し、１８５７年にマガザン・ピトレスク誌に長い特集記事が掲載されたこともある。

アメリカのサボテン専門種苗場の第1号はA・ブランク社で、19世紀末にベルギーから移住したアルバート・ブランクによって創業された。彼は１８７０年代にアメリカに着くとすぐに小さなサボテン種苗場をフィラデルフィアに開いた。1886年には最初の通信販売カタログを発行、1890年代には世界最大のサボテン販売量を誇るようになり、ほぼ世界じゅうにサボテンを発送した。[12] カタログには約500種のサボテンが掲載され、ブランク本人による挿絵が満載されていた。1892年のカタログで、彼はかなり大胆な発言をしている。

サボテン人気をもう一度高めた功績は私たちにある。これはひとえにサボテンの世話をするのが非常に簡単で非常に面白いからだが、さらに言うならば、私たちが多大な費用と労力をかけて、合衆国で最大の、そしてもっともすばらしいコレクションを皆様にお届けできたという事実に負うところが大きい。[13]

まもなく、競合するアメリカのサボテン種苗場も国際的な取り引きを開始した。ロサンゼルスのリヨン&コッペ、テキサス州オースティンのウィリアム・テル・カクティ・ナーサリー、オハイオ州スプリングフィールドのカレンダー・カクタス・カンパニー、テキサス州ラレードのミセス・アンナ・B・ニッケルズ・カクタス・ナーサリー──当時もっとも有名だった女性サボテンコレクター兼販売者が創業した──などである。

こういった会社はすべて大成功を収めたようで、毎年何十万株というサボテンを販売し、世界じゅうに収集価値のあるサボテンが広がるのを促進した。1891年、ロシアのミハイル・ミハイロヴィチ・カンタクジン＝スペランスキー伯爵は、アメリカからサボテンを取り寄せたのち、ブランクを称賛する手紙を書いている。

注文したサボテンをちょうど受け取ったところです。すばらしい状態で届いています。長い船旅をしてきたというのに驚きました。枯れているのがひとつだけありましたが、それはもともと弱い性質のものだったことはすぐにわかりました。美しいサボテンのコレクションを送ってくれたことに感謝します。すぐに追加注文をするので期待していてください。[14]

こういったカタログに掲載されているサボテンの一部は野外で採集されたものだったようだが、サボテンの需要が高まるにつれ、種子から、あるいは挿し木で栽培されたものが大多数になった。リヨン＆コッベは「当社は健康で状態のよいサボテンしかお送りしません。すべて自家栽培したものので、市場で一般に出まわっているものより大きく、良い状態のものをお送りします」と断言している。[15]

価格は品種によってかなり幅があった。たとえばリヨン＆コッベの1894年のカタログでは、大量販売のセール品でペヨーテ（学名 *Lophophora williamsii* のちに *Anhalonium williamsii*）［通称 ウバタマ／烏羽玉］100株がわずか15ドルだ。もっと高価なサボテンはばら売りされている。高さ50センチのパキケレウス・プリングレイ（学名 *Pachycereus pringlei*）［通称 ブリンチュウ／武倫柱］と大きなアストロフィトゥム・ミリオスティグマ（学名 *A. myriostigma*）［通称 ランポウギョク／鸞鳳玉］はひと株5ドルで販売され、大きな「夜の女王」セレニケレウス・グランディフロルス（学名 *Sele-*

サボテンの商業生産

nicereus grandiflorus）〔通称 ダイリンチュウ／大輪柱〕は10ドルで売られていた。同じ頃、ルーサー・バーバンクは棘なしウチワサボテンをひと株5ドルで販売している。

近年、サボテンの全取引のうち、国際取引の割合はさらに大きな比率を占めるようになっている。南北アメリカやヨーロッパに加え、アジアの多くの国々が栽培品種の主要輸出国となっている。とくに日本、韓国、タイだ。サボテンは大体において頑健で、国際取引に非常に向いている。長期間船に積まれたり保管されたりしても、持ちこたえることができる。

このように多くのサボテンはかなり厳しい状況にも耐えられるが、やはり突然の変化には弱い。温度調節された温室で育ち、いきなり販売のために種苗場に向けて船積みされたものは、うまく生き延びる見込みは薄い。気候の変化によるショックを軽減するため、優れた栽培者は販売する前に植物が新しい環境に慣れるよう最善の対策をとる。適当なサイズにまで育つと、サボテンを「寒さに慣れさせる」ため、あまり温度調節がされていない環境に移すのである。こうしておけば、購入者が自宅に持ち帰った際に枯れないだけでなく、その後の順調な成長にもつながるからだ。

サボテンの取り引きにはさまざまな市場があり、消費者の好みは絶えず移り変わる。大規模小売店やチェーン店は、一般的で育てやすい観賞用の品種を大量に仕入れる傾向がある。栽培者はそのようなサボテンを千株、ときには何十万株単位で大量に生産し、小売業者は商品の安定供給に努める。人気のロリポップカクタスはおもに韓国、タイ、中国のいくつかの巨大農場で数百万株単位で生産されている。ほとんどの卸売販売業者はここから購入し、それを各地の種苗場や小売業者に販売している。

一方、特別なサボテンを収集する客のための市場も成長している。一般に、大規模生産者には栽培が難しい品種は小規模な栽培者が提供していることが多い。比較的小さな、ある特定分野に強い栽培者は、石化種や綴化種や斑入りサボテンの需要の高まりにもうまく対応してきた（これらは高い価格で取り引きされる）。また、水不足が心配されるような比較的乾燥した地域では、ほとんど、あるいはまったく灌水を必要としない乾生植物を活かした「乾式造園」への転換が進められている。こういった地域では、非常に大型で、十分に成長した、普通は地元で育つ品種が好まれる。それはたとえばキンシャチやベンケイチュウなどであり、大型であればかなりの高額で取り引きされる傾向がある。

●サボテンを保護する

現在、多くのサボテンが環境の危機にさらされている。野生のサボテンが減少し続けている原因は、おもに生息地の破壊である。ほとんどは農地開発によるものだが、都市化や道路建設の影響もある。[16] 何千ヘクタールもの主要なサボテン生息地が、とくにメキシコと合衆国南西部で毎年失われており、何百万ヘクタールもの土地が整地され、家畜の飼料となる外来種のブッフェルグラス（学名 *Pennisetum ciliare*）が植えられている。これはサボテンの成長を阻害するのみならず、この地域の山火事のリスクを大いに高めている。[17]

人口が増大し続けるにつれ、かつては見すごされていた砂漠地帯が、しだいに経済的に発展可能な地域とみなされるようになった。社会科学者でサボテンの専門家でもあるデヴィッド・イエットマンは、こういった重要なサボテンの生息地が農地に転用されただけでなく、数千ヘクタールが巨大なエビの養殖場になった――海岸沿いのかつてサボテンが繁茂していた地域に建てられた――ようすについて記述している。[18]

また、生息地が大きく失われていることに比べれば小さな規模ではあるものの、個人のコレクションや商業的な販売を目的としたサボテンの不法採集も脅威になっている。不法に手に入れたサボテンをもとに、たとえ多くの種《しゅ》が人工的な繁殖で簡単に入手できるようになったとしても、その代償は小さなものではすまないかもしれない。

一部のコレクターは、できるだけ多くの「オリジナル」を欲しがるという点で切手コレクターに似ている。つまり、直接野生から手に入れたサボテンでなければならないのだ。かくしてめずらしい一風変わったサボテンが、しばしばこういった無節操なコレクターの餌食となる。彼らは自分の個人的なニーズを満足させるためなら条例や法律も無視する。[19]

ＣＩＴＥＳ、つまりワシントン条約は、この傾向を食い止める仕組みのひとつだ。これは絶滅寸前の動植物の保護を目的とした重要な国際条約で、絶滅の恐れがある、あるいは絶滅寸前のサボテンもその対象だ。今では１３０以上の国が署名しており、国際的に保護される動植物すべてがさまざまなカテゴリーに分けられ、リストにされている。附属書Ⅰにリストされている種は厳重に保護され、商業取引を行うことに深刻な危険があるとされる。附属書Ⅰにリストアップされているサボテンは50種近くあり、野外で採集したものを国際的に取り引きする行為は全面的に禁止され、人工繁殖させたものも適切な許可を受けなければ認められていない。附属書Ⅰの50種以外のサボテンもほとんどすべてが附属書Ⅱにリストアップされ、野外で採取したものを国際的に取り引きする行為は厳しく制限されている。[20]このふたつのカテゴリーに入っていないサボテンはごくわずかだ。スクルンベルゲラ属（*Schlumbergera*）の栽培品種（シャコバサボテン）や葉緑素を持たないギムノカリキウム・ミハノヴィチイ（学名 *Gymnocalycium mihanovichii*）［通称 ヒボタン／緋牡丹］（ロリポップカクタス）といった人工繁殖させたものなどであり、商業的に栽培されているいくつかのウチワサボテンもリストには入っていない。[21]

ワシントン条約は野生サボテンの不法国際取引を防ぐ助けにはなるものの、継続する環境破壊を防ぎ、最終的に絶滅危惧種の生存を確かなものにするためには、生息する国や地域で法が制定され、保護をする努力がなされなければならない。サボテン保護のための主要なアプローチはふたつある。まずは「インシチュー（in situ）」。サボテンの保護をその生息環境で行うというものだ（もっとも効果があるのはほぼ間違いない）。そして「エクスシチュー（ex situ）」。こちらはサボテンを生息

チェスボード風にディスプレイしたサボテン。トウダイグサもいくつか入っている。ペリ・ジェフリーのデザインによる。

環境から離して、植物園や個人のコレクションのなかで栽培する方法だ。ただし多くの自然保護活動家は、後者の方法にのみ頼るのは植物の遺伝的変異性に長期的には負の影響を与えると警告している。[22] たいていの栽培者より自然のほうがサボテンの世話をするのにずっと長けていると考える人は多い。たとえば、ある作家はマミラリア・ライティ（学名 *Mammillaria wrightii*）というめずらしいサボテン約50株がニューメキシコで見つかったときのようすについて述べている。

発見者はすぐにサボテンをすべて採集し、理由をこう説明した。このサボテンはここにあるだけですべてだと思う。この種を保護するには人間がすべて採集して管理したほうがよいのだ、と。稀少な植物をこのように大規模に採集することがどれほど批判されるべきかは、次のような結果を語ればわかるだろう。

彼が収集したサボテンやその子株がどうなったかは、今日ひとつも追跡できない。しかし、その後の何年かの間に野生の株がいくつか見つかっている。結局のところ、サボテンの子供たちの一番の安全管理者は自然だということが証明されたわけだ。[23]

南北アメリカでは、サボテンの生息地を確保するために多くの地域が保護されてきた。ソノラ砂漠には、とくに2種類の独特な種を保護するため、連邦政府によって保護域が2か所設けられている。オルガンパイプカクタス（ダイオウカク）国定公園とサワロ（ベンケイチュウ）国立公園だ。サボテンが豊富な合衆国には他にも保護域があり、メキシコやいくつかの南米の国々でも、自然の生息地を保護する多くの国立公園と自然保護区が作られている。[24]

アリゾナ州ではほとんどすべてのサボテンの野生種が地元の法律によってしっかり保護されている。もしあるサボテンが保護リストに載っていれば、まずは農務省から取得した許可証がなければいかなる場所からも移動させることはできない。また、リストに載っているサボテンひとつひとつにつき許可証は別々に取らなければならない。さらに、許可が下りても、掘り出す前にそのサボテンにタグをつけ、新たな場所に移植されるまでつけたままにしておかねばならない。

相次ぐベンケイチュウの盗掘や破壊を防ぐため、とくに保護地域では、当局がサボテンの幹に小さな無線ICタグのマイクロチップを埋め込む取り組みを最近始めた。タグは長さ1センチ、鉛筆の芯のような形をしていて、サボテンに読み取り装置をかざすと電子技術で読み取ることができる。小型の手持ち式のインプラントガンでサボテンの奥深くに打ち込まれ、取り出すのは不可能だ。電子タグでその植物の特定ができ、盗まれた場合に追跡するのに役立つ。[25] 興味深いことに、綴化したベンケイチュウ（学名 *Carnegiea gigantea f. cristate*）はきわめて保護レベルの高い野生種のリストに入っているのに、綴化していないベンケイチュウはほぼ保護されず、制限つき保護野生種にリストされているのみだ。

ほとんどの自然保護活動家は、サボテンの保護について総体的に考えるのが必要だということ、そして、ある植物の直接の破壊を防ぐことは戦略のひとつでしかないということで意見が一致している。たとえば、ベンケイチュウの種子が生き延びられるのは、たまたま他の植物の陰に芽吹いた場合に限られる。こういった「保母の植物《ナースプラント》」となるのは、多くはメスキートや鉄樹やパロ・ヴェルデ・ツリーなどであり、弱々しい若サボテンを最初の数年間保護するのに重要な役割を果たす。もしこういった植物が伐採されると、それに伴ってサボテンも弱くなってしまう。鳥やコウモリといった多くの授粉仲介者も、サボテンの存続に深くかかわっている。もしこれらの数が減れば、サボテンも減る。逆もまたしかりだ。[26]

とはいえ、エクスシチューが唯一の選択肢という例も数多くあり、重要で非常に活発な保護活動が植物学者の団体によっていくつか成し遂げられている。もっとも有名なのはカリフォルニア州サンマリノのハンティントン植物園と、イギリスのキュー王立植物園である。愛好家が維持している個人のコレクションでさえ、サボテンの種の保護に絶対不可欠とみなされており、国際多肉植物研究機構はこういったコレクションの多くを、重要属保存コレクションとしてリストにしている。[27]

カリフォルニアのゲイツ・サボテン・多肉植物協会の品評会に出品されたサボテン

◉サボテン協会

19世紀末から20世紀初頭にかけてサボテンに対する関心が高まり始めると、世界じゅうで多くのサボテン協会が誕生した。ドイツの協会は1892年にベルリンで発足した。1927年にはメルボルンにオーストラリア・サボテン・多肉植物協会が誕生した。1929年にロサンゼルスにアメリカ国立サボテン・多肉植物協会が、1932年にはロンドンにイギリス・サボテン・多肉植物協会が生まれた。サボテン協会といっても、実際はほとんどがサボテンと多肉植物の協会だ。サボテンを鑑賞する人々は多肉植物も鑑賞し、その逆もまた成り立つからである。しかしサボテンへの偏見を口にする会員も多く、しばしばサボテンを多肉植物界の非常に独特な――しかし広大な――下位集団とみなしている。その一方で、イギリスのマミラリア協会のように、サボテンのひ

カリフォルニアのゲイツ・サボテン・多肉植物協会の品評会に出品されたサボテン

とつの属に特化した協会もいくつかある。

今では世界数十か国にサボテン協会がある。合衆国やイギリスといった一部の国々では、そのような組織は比較的大きな全国組織で、多くの地方支部があるが、他の国々ではあまり形式ばらずに結びついた多くの独立団体が国じゅうに散らばっているようだ。

人々は既存のサボテン協会にさまざまな理由で参加するが、調査によると参加理由のほとんどは、地元の種苗場では購入できないサボテンを入手するため、サボテンについてもっとよく知るため、同好の士と会うためだという。[28] 会員たちは非常に専門性の高い植物学者から、たんにサボテンと多肉植物が好きな愛好家まで、さまざまだ。

多くの協会が定期的に開く会合では、ゲストによる講演会や即売会や展示会が開かれる。大きな協会は1年か2年に1度会議を開く。国際的に認められた人物を基調講演者として、あるいは国内外の講演者を招くのが特徴だ。そして、展示会、ワークショップ、即売会、庭園やコレクション見学などが催される。

協会が毎年開く展示会や品評会は、すばらしい植物を育てたり披露したりすることへのモチベーションを高める助けとなる。こういった品評会は、サボテンについての知識を広めたり新たな会員を引き入れたりするのにも役立つ。[29] ほとんどの品評会はサボテンのカテゴリーや栽培者の経験レベルによって分かれている。ベテランの栽培者ならば「オープン」というカテゴリーで競争できるし、経験の浅い栽培者は「新人」として競うことができる。

サボテンの品評会は、伝統的に次のようなガイドラインに従う。

配点の40パーセントは栽培技術に、20パーセントは稀少性に、20パーセントは努力に、そして20パーセントは真正度に。真正度とは、そのサボテンが自然の生息地で見られる姿にいかに近いか、ということだ。[30]

しかし年月を経るうちに多くの品評会は進化し、芸術的創造性や新しい工夫を重視するようになってきた。今日の品評会では、目立たない鉢に非の打ちどころなく植えられた完璧なサボテンはあまり注目されない。むしろ創造的な「演出」や、サボテンと鉢両方の総合的なデザインが注目される。こういった変化のおかげで、参加者がより創造的になり、観覧者の心に響く作品を出品できるようになったのは明らかだ。サボテンは、おそらく他のどんな植物よりも創造的に変化させたり、大幅に操作したりすることが可能で、そのとらえどころのないアイデンティティと劇的な変化が、創意と意匠の広がりを限りなく可能にしてくれる。

この数十年の話でいえば、こういった協会にはもうひとつ重要な役割がある。サボテンの保護、栽培、科学的研究の促進だ。とくにイギリス・サボテン・多肉植物協会は、地球規模での研究および保護プロジェクトを継続的に支援している。こういった努力には、サボテンを開発地域から救出する、生息地にサボテンの種子を再びまいたり移植したりする、現地調査を行う、危機に瀕するサボテンの個体数をくわしく調査する、といった活動が含まれる。

アメリカのサボテン・多肉植物協会も大規模な保護努力にかかわり、地方の関連団体であるトゥーソン・サボテン・多肉植物協会がサボテンの救出作業に参加している。その会員たちは最初の15年で、新たな開発地域から7万株以上のサボテンを救出した。[31] たとえこれらの事業でサボテンの生息地そのものは救えないとしても、彼らは驚くほどの数のサボテンを救い、遺伝的多様性の維持に貢献し、種の長期的な生存を確かなものにした。他の多くの協会も、地元の植物園や環境保護団体とともに広く活動している。たとえばメルボルンを拠点とするオーストラリア・サボテン・多肉植物協会は、冷酷に破壊された王立植物園のサボテン園の再建を助けた。

最近では、インターネットがサボテン人気を大いに拡大している。多くのサボテン協会が今やオンライン世界で存在感を増し、多くのフォーラムやネットワークが生まれて、サボテンコレクションの展示やサボテンの売買ができるようになった。また、栽培情報を提供したり、画像を投稿して特定の品種の識別や世話の仕方について助言を求めたりもできるようになっている。

◉サボテンの未来

人間はつねに斬新な方法でサボテンに近づこうとしてきた。そしてサボテンについての考えも広げてきた。だがサボテンそのものも進化し続けている。生物学的にも、概念的にも。そしてサボテンは変化をしながら、しだいに近づきやすくポピュラーな存在になってきた。同時に、芸術や大衆文化におけるサボテンの描写も幅広いものになってきた。おそらく、ジョン・ソーンバーとフランシス・ボンカーの著書『すばらしき一族 *The Fantastic Clan*』（1932年）からの抜粋が本書の締めくくりにはふさわしいだろう。

砂漠のサボテンはじつに多様で美しい。その金線細工やレース細工のシンメトリー、すばらしい形、そして驚嘆すべき色合い。多くの場合、そのデザインは完璧で、製図板から抜け出てきたかのようだ。[32]

おそらくこの新たに「デザインされた」サボテンの品質が、時代を超えて私たちの認識を活気づける不朽の新しさの源のひとつなのだろう。未来に何が待ち受けているのか。サボテンはどこに向かい、次にどのように変化するのか。それを見守っていくのはとても興味深いことだ。

謝辞

オーストラリア・サボテン・多肉植物協会の会員の方々、とくにノーリン・トムリンソン、アンドリュー・トンプソン、アッティラ・カピタニー、ジョイリン・サザランド、ウェイン・ロビンソンにお礼を申し上げたい。写真や情報を提供してくれたパラディシア・ナーサリーとコレクターズ・コーナー、そしてヴィクトリア州のカクタス・カントリーにも感謝している。リチャード・アレンとファング・アレンにも感謝の念を示したい。最後に、いつも変わらず支えてくれた私の家族に、そして誰もが私ほどサボテンを好きなわけではないことを思い出させてくれたリーナーズに大きな感謝を捧げたい。

訳者あとがき

本書『サボテンの文化誌』は、2018年にイギリスの出版社 Reaktion Books から刊行された *Cactus* の全訳である。サボテンといえば西部劇に登場する武骨なイメージを頭に浮かべる人もいるだろうが、サボテンをアップでとらえた本書の写真を見ていただければ、サボテンのフォルムや稜や棘や毛の作り出す幾何学模様がいかに繊細で美しいものかがよくわかる。金線細工やレース細工にたとえる人がいるのも当然だろう。日本中、いや世界中にサボテンファン、そしてコレクターが大勢いるのもうなずける。

日本にサボテンが渡来したのは17世紀中頃で、ポルトガル人が伝えたと言われる。当時ポルトガル人の船乗りがサボテンを洗剤代わりに使っており、ポルトガル語のシャボン（石鹸）がなまって、シャボテン、サボテンと呼ばれるようになったという。歌川国房の浮世絵にも、植木市でサボテンが売られているようすが描かれていて興味深い。

著者ダン・トーレ（Dan Torre）は熱烈なサボテン愛好家だ。彼はサボテンを「とらえどころのない植物だ」と分析する。それはどういう意味なのか。まず、いかにもサボテンらしい形状を持つものからまったくサボテンとは思えないものまで、その種が多岐にわたること。さらに雑種が生まれやすいうえに変異が起こりやすいこと。そういった特徴に目をつけた人間が手を加えることで、さらなる変種が生まれること。過酷な環境に耐え、生き延びるためのすばらしい戦略を身に着けており、手のかからない植物の代名詞のように言われながら、環境の変化には脆弱で繊細な部分も併せ持つところ。このとらえどころのなさ、言い換えれば不安定さがサボテンの魅力のひとつになっているのは疑いようがない。

そして人々のサボテンに対する評価も不安定さと矛盾をはらむ。よく見かけるものでありながらエキゾチック。美しい花を咲かせるが危険な棘を持つ。生きているのだかいないのだかわからないし、目に見えて成長するわけでもないけれど、現代アートのオブジェのように見栄えがする。本物のサボテンは棘があるから嫌だけれど、アニメやグッズのサボテンならば好き、という人もなかにはいるかもしれない。たしかにその形状は魅力的だ。シルエットだけで誰にでもそれとわかる植物がいったいどれだけあるだろう。とくにウチワサボテンやベンケイチュウは、あまり絵が得意でない人でも比較的簡単に描くことができる。また、嫌悪の対象となる棘にしても、矛盾する感情があるのではないだろうか。棘を嫌い恐れながらも、触れてみたいと思う人もいるだろう。実際にはそんな勇気はないとしても。本書にも登場するサボテン型のペンは、サボテンのとげとげの部分をつかまなければ使うことができない。この商品は、人々の心のなかにサボテンの棘に対する恐れと触れてみたい気持ちの両方が混在していることをじつにうまく突いている。

栽培種をあたりまえに見かけるため忘れられがちだが、じつは野生のサボテンの多くが絶滅の危機にさらされている。一番の原因は都市化、あるいは農地や放牧地の拡大に伴う生息地の破壊だが、コレクターによる乱獲も見過ごせないという。絶滅危惧種はワシントン条約による保護の対象となり、また、イギリスやオーストラリアをはじめとする各国のサボテン協会も、破壊される生息地からのサボテン救出や新たな繁殖を目指し、さまざまな努力を重ねているという。しかし本書でも述べられているように、サボテンを直接保護するだけでは十分とは言えない。サボテンの生育に役立つ植物の保護、そして授粉を行う鳥類や哺乳類の保護も欠かせない。環境全体を守っていく必要があるということを忘れてはならない。

本書の刊行にあたっては、多くの方々にお世話になった。とくに原書房の中村剛さん、本書を訳す機会を与えてくださったオフィス・スズキの鈴木由紀子さんに、この場を借りて心からの感謝を申し上げたい。

２０２１年７月

大山　晶

Commons Attribution-Share Alike 2.5 Generic license; and ProjectManhattan, the copyright holder of the image on p. 155 (top) has published this online under conditions imposed by a Creative Commons Attribution-Share Alike 3.0 Unported license.

写真ならびに図版への謝辞

図版の提供と掲載を許可してくれた以下の関係者にお礼を申し上げる。

Photo Richard Allen: p. 155 (bottom); photos author: pp. 7, 10, 12, 13, 21, 23, 24, 25, 26 (top), 30, 33, 37, 39, 41, 42, 73, 105 (top and bottom), 107, 108, 111, 112, 116, 142 (top and bottom), 147, 152, 156, 159, 161, 162, 164, 166, 168, 180, 186, 189, 190, 191, 195, 206, 211; © 2016 Banco de México Diego Rivera & Frida Kahlo Museums Trust, Av. 5 de Mayo No. 2, Col. Centro, Del. Cuauhtémoc 06059, Mexico City: p. 128; courtesy Laura Cinti and Howard Boland, C-LAB: p. 193; courtesy Lucy Culliton: p. 91; photo Edward S. Curtis/Library of Congress, Washington, DC (Prints and Photographs Collection - Edward S. Curtis Collection): p. 158; photos Ede Horton: pp. 26 (bottom), 34, 45, 187; photos Attila Kapitany: pp. 215, 218, 219; photo Markus Kellow: p. 115; courtesy Javier Mariscal: p. 92; Metropolitan Museum of Art, bequest of Cath erine Vance Gaisman, 2010: p. 150; © Punch Ltd: p. 122; courtesy State Library of Queensland, from the Queenslander Pictorial, supplement to The Queenslander, 27 March 1915: p. 65; photo April Torre: p. 46 (bottom); photo Paul Torre: p. 17; courtesy Sharon Weiser: p. 89; courtesy Valentina Gonzalez Wohlers: pp. 93, 103.

Daderot, the copyright holder of the image on p. 77, has published this online under conditions imposed by a Creative Commons CCO 1.0 Universal Public Domain Dedication license; Raquel Baranow, the copyright holder of the image on p. 188, Rob Bertholf, the copyright holder of the image on p. 153, Jean-Guy Dallaire, the copyright holder of the image on p. 45, Amante Darmanin, the copyright holder of the image on p. 28, CC Rogers, the copyright holder of the image on p. 72, and Municipalidad de Antofagasta, the copyright holder of the image on p. 20 have published these online under conditions imposed by a Creative Commons Attribution 2.0 Generic license; BriYYZ, the copyright holder of the image on pp. 70, bunky's pickle, the copyright holder of the image on p. 46 (top), and Alan Stark, the copyright holder of the image on p. 18 have published these online under conditions imposed by a Creative Commons Attribution-Share Alike 2.0 Generic license; Tomás Castelazo, the copyright holder of the image on p. 146 has published this online under conditions imposed by a Creative

参考文献

Anderson, Edward F., *The Cactus Family* (Portland, or, 2001)
Banks, Leo W., *All About Saguaros: Facts, Lore, Photos* (Phoenix, AZ, 2008)
Calhoun, Scott, *The Gardener's Guide to Cactus: The 100 Best Paddles, Barrels, Columns, and Globes* (Portland, or, and London, 2012)
Gibson, Arthur C., and Park S. Nobel, *The Cactus Primer* (Cambridge, MA, 1986)
Greenfield, Amy Butler, *A Perfect Red: Empire, Espionage, and the Quest for the Color of Desire* (New York, 2005)[『完璧な赤──「欲望の色」をめぐる帝国と密偵と大航海の物語』佐藤桂訳/早川書房]
Gröner, Gerhard, and Erich Götz, *Beautiful Cacti: A Basic Grower's Guide*, trans. Elisabeth E. Reinersmann (New York, 1992)
Hunt, David, *The New Cactus Lexicon: Illustrations* (Milborne Port, Somerset, 2013)
Kapitany, Attila, and Rudolf Schulz, *Succulents: Propagation* (Melbourne, 2004)
Knishinsky, Ran, *Prickly Pear Cactus Medicine: Treatments for Diabetes, Cholesterol, and the Immune System* (Rochester, NY, 2004)
Mauseth, James D., Roberto Kiesling and Carlos Ostolaza, *A Cactus Odyssey: Journeys in the Wilds of Bolivia, Peru and Argentina* (Portland, or, 2002)
Nobel, Park S., *Desert Wisdom: Agaves and Cacti: CO_2, Water, Climate Change* (New York, 2010)
———, ed., *Cacti: Biology and Uses* (Los Angeles, CA, 2002)
Rowley, Gordon, *A History of Succulents* (Mill Valley, CA, 1997)
———, *Teratopia: The World of Cristate and Variegated Succulents* (Bologna, 2006)
Schulz, Rudolf, and Attila Kapitany, *Copiapoa in their Environment* (Melbourne, 1996)
Schuster, Danny, *The World of Cacti: How to Select from and Care for Over 1000 Species* (New York, 1990)
Yetman, David, *The Great Cacti: Ethnobotany and Biogeography of Columnar Cacti* (Tucson, AZ, 2007)
———, *The Organ Pipe Cactus* (Tucson, AZ, 2006)
———, and Thomas R. Van Devender, *Maya Ethnobotany: Land, History and Traditional Knowledge in Northwest Mexico* (Berkeley, CA, 2002)

年表

約6500万年前	恐竜が絶滅。
約3000万年前	南アメリカ大陸にサボテンが現れ始める。
約500万年前	南北アメリカの陸塊が合体し，サボテンが北アメリカに広がる。
約1万2000年前	ペルーとブラジルの山岳地帯の洞窟にサボテンの絵が描かれる。
前1300年	タモンチュウへの賛辞を彫った巨石など，サボテンをあしらった芸術品がペルーのチャビン遺跡の神殿のために作られた。
後1～800年	ペルーのモチェ文化，サボテンを描いた多くの陶器類が現存している。
1325年	予言を受けたアステカ族が，ワシが止まるサボテンを目印に帝国の都を建設したと言われる。
1490年代	ヨーロッパ人がカリブ諸島で初めてサボテンに遭遇する。
1519年	スペインの探検隊がメキシコでコチニール染料の製造に遭遇する。
1520年代	スペイン人がアメリカからヨーロッパへコチニール染料を輸出し始める。
1535年	ゴンサロ・フェルナンデス・デ・オビエド・イ・ヴァルデスが著書『ラス・インディアスの一般史と自然史 *Historia generaly natural de las Indias*』にサボテンの絵を載せる。印刷されたサボテンの絵はこれが最初と考えられる。
1570年代	ウチワサボテンがイタリアに持ち込まれる。1580年代にイギリス，ドイツ，フランスに運ばれ，1610年に北アフリカに持ち込まれた。
1716年	リチャード・ブラッドリーの『多肉植物の歴史 *Historia plantarum succulentarum*』が出版される。サボテンの詳細な絵が多数収められている。
1787年	カーティス・ボタニカル・マガジンの刊行開始。創刊者兼編集者はウィリアム・カーティス。サボテンに関する多くの記事や挿絵を掲載する。イギリスのコチニール産業を確立するために，サボテンがオーストラリアに導入される。
1822年	カクテーン・ハーゲがドイツのエルフルトで開業。サボテンと多肉植物専門の種苗場で，現在も営業している。

1850年	ドイツの画家カール・シュピッツヴェークが有名な油彩画『サボテン愛好家』を描く。
1860年代	フランスがベトナムにドラゴンフルーツの栽培を導入する。
1870年代	ウチワサボテンがオーストラリアで有害植物および侵入雑草とみなされる。ベルギーからの移民アルバート・ブランクが合衆国初の商用のサボテン種苗場を開く。
1889年	バルティモア・サボテン協会が創設される。
1890年代	ルーサー・バーバンクが有名な「棘なし」ウチワサボテンの栽培に着手する。
1892年	ドイツ・サボテン協会が創設される。
1900年頃	カリフォルニア州サンマリノのハンティントン植物園にサボテン・多肉植物園ができる。
1900年	オーストラリアの主要な農地や放牧地に「有害植物」ウチワサボテンが広がる。
1919～23年	ナサニエル・ブリトンとジョセフ・ネルソン・ローズが革新的かつ総合的な4巻本『サボテン *The Cactaceae*』を出版する。
1925年	ウチワサボテンの蔓延を阻止するために，サボテンガの幼虫約3000匹がアルゼンチンからオーストラリアまで初めて船で運ばれる。
1927年	メルボルンにオーストラリア・サボテン・多肉植物協会が創設される。
1929年	アメリカ国立サボテン・多肉植物協会が創設される（この前後にいくつかの地方協会が発足している）。
1930年代	渡辺栄次がアルビノを接ぎ木した「ヒボタン」（ムーンカクタス，ロリポップカクタスとも呼ばれる）の開発に着手する。
1931年	全国組織，イギリス・サボテン・多肉植物協会が創設される（この前後にいくつかの地方協会が発足している）。
1932年	シャーマン・ホイト・サボテンハウスがロンドン西部のキュー王立植物園にオープンする。
1933年	サワロ（ベンケイチュウ）国定公園がアリゾナ州に設立される。1994年に国立公園に昇格する。
1934年	オーストラリアに侵襲していたウチワサボテンのほぼ90パーセントが，サボテンガの導入により駆除される。
1937年	オルガンパイプカクタス（ダイオウカク）国定公園がアリゾナ

州に設立される。

1940年代　香料製造者のハワード・K・フォンキャノンがニューメキシコ州アルバカーキで，サボテンの花の香水開発に着手する。

1944年　擬人化したサボテンが登場するディズニーのアニメーション映画『三人の騎士』が封切られる。

1948年　ニュージーランド・サボテン・多肉植物協会が創設される。

1950年　国際多肉植物研究機構（IOS）が創設される。

1951年　メキシコ・サボテン協会が創設される。

1973年　国際協定 CITES（絶滅の恐れのある野生動植物の種の国際取引に関する条約）が採択される。サボテンのほとんどの種がリストに含まれている。

1983年　カブトの栽培種「スーパーカブト」（竹尾雅臣と佐藤勉によって開発された）が販売される。

1985年　ハンティントン植物園に砂漠植物用の温室園が建設される。

1989年　サボテンガが意図せず合衆国に広がり，フロリダ州や周辺州に自生するサボテンを脅かし始める。

2000年頃　ドラゴンフルーツがしだいに世界的な人気を集める。

2006年　『ザ・ニュー・カクタス・レキシコン *The New Cactus Lexicon*』が出版される。サボテンガがメキシコ本土からほど近いいくつかの島々で発見されたが，メキシコのウチワサボテン産業に影響をおよぼす前に急ぎ封じ込め撲滅する措置が取られる。

2008年　オアシスの「サボテン・キッド」テレビコマーシャルがイギリスで放送禁止となる。

注

序章　愛されて　憎まれて

1　T. S. Eliot, 'The Hollow Men', in Collected Poems, 1909-1962 (London, 1963), p. 60.

2　Marie D'Alton, 'Origins of the Word "Succulenticon"', in Proceedings of the 2012 Australian Cactus and Succulent Convention (Melbourne, 2012), p. 6.

第1章　サボテンの博物誌

1　Park S. Nobel, *Desert Wisdom: Agaves and Cacti: CO_2, Water, Climate Change* (New York, 2010), p. 60.

2　同上.

3　James D. Mauseth, Roberto Kiesling and Carlos Ostolaza, A Cactus Odyssey: Journeys in the Wilds of Bolivia, Peru and Argentina (Portland, OR, 2002), p. 15.

4　Will Benson, *Kingdom of Plants: A Journey through their Evolution* (London, 2012), p. 183.

5　Edward F. Anderson, *The Cactus Family* (Portland, OR, 2001), p. 38.

6　同上.

7　David Hunt, *The New Cactus Lexicon: Illustrations* (Milborne Port, Somerset, 2013).

8　Mauseth, Kiesling and Ostolaza, *A Cactus Odyssey*, p. 5.

9　同上 p. 9.

10　Benson, *Kingdom of Plants*, p. 173.

11　Arthur C. Gibson and Park S. Nobel, *The Cactus Primer* (Cambridge, MA, 1986), p. 74.

12　Nobel, *Desert Wisdom*, pp. 145-6.

13　Mauseth, Kiesling and Ostolaza, *A Cactus Odyssey*, p. 10.

14　Gibson and Nobel, *Cactus Primer*, p. 256.

15　Rudolf Schulz and Attila Kapitany, *Copiapoa in their Environment* (Melbourne, 1996), p. 50.

16　Anderson, *Cactus Family*, p. 53

17 Benson, *Kingdom of Plants*, p. 179.

18 Schulz and Kapitany, *Copiapoa*, p. 57.

19 Joseph G. Dubrovsky and Gretchen B. North, 'Root Structure and Function', in *Cacti: Biology and Uses*, ed. Park S. Nobel (Los Angeles, CA, 2002), p. 43.

20 Alan Powers, *Nature in Design* (London, 1999), p. 37より引用.

21 Anderson, *Cactus Family*, p. 27.

22 Schulz and Kapitany, *Copiapoa*, p. 60.

23 Anderson, *Cactus Family*, p. 27.

24 同上 p. 36.

25 Leo W. Banks, *All About Saguaros: Facts, Lore, Photos* (Phoenix, AZ, 2008), p. 41.

26 Anderson, *Cactus Family*, p. 33.

27 David Yetman, *The Great Cacti: Ethnobotany and Biogeography of Columnar Cacti* (Tucson, AZ, 2007), p. 42.

28 Benson, *Kingdom of Plants*, pp. 150-51.

29 Banks, *All About Saguaros*, p. 44.

30 Eric Mellink and Mónica E. Riojas-López, 'Consumption of Platyopuntias by Wild Vertebrates', in *Cacti: Biology and Uses*, ed. Nobel, p. 112.

第2章　在来種のサボテン，外来種のサボテン

1 Edward F. Anderson, *The Cactus Family* (Portland, OR, 2001), p. 43.

2 Gordon Rowley, *A History of Succulents* (Mill Valley, CA, 1997), p. 15.

3 David Yetman, 'The Cactus Metaphor', in *A Companion to Mexican History and Culture*, ed. William H. Beezley (Oxford, 2011), p. 133.

4 Manuel Aguilar-Moreno, *Handbook to Life in the Aztec World* (Los Angeles, CA, 2006), p. 144.

5 同上.

6 Caroline Dodds Pennock, *Bonds of Blood: Gender, Lifecycle and Sacrifice in Aztec Culture* (London, 2008), p. 32.

7 Maureen Daly Goggin, 'The Extra-ordinary Powers of Red in Eighteenth and Nineteenth Century English Needlework', in *The Materiality of Color: The Production, Circulation, and Application of Dyes and Pigments, 1400-1800*, ed. Andrea Feeser, Maureen Daly Goggin and Beth Fowkes Tobin (London, 2012), p. 31.

8 Amy Butler Greenfield, *A Perfect Red: Empire, Espionage, and the Quest for the Color of Desire* (New York, 2005), p. 36.［『完璧な赤――「欲望の色」をめぐる帝国と密偵と大航海の物語』／佐藤桂訳／早川書房］
9 同上 pp. 37-8.
10 Mathew Attokaran, *Natural Food Flavors and Colorants* (Hoboken, NJ, 2011), p. 307.
11 John James Thornber and Frances Bonker, *The Fantastic Clan: The Cactus Family* (New York, 1932), p. 125.
12 R. A. Donkin, *Spanish Red: An Ethnogeographical Study of Cochineal and the Opuntia Cactus* (Philadelphia, PA, 1977), p. 40.
13 同上 p. 43.
14 W. B. Alexander, *The Prickly Pear in Australia* (Melbourne, 1919), p. 15.
15 同上.
16 Australian patent no. 5871, class 30.2, Sydney, 30 July 1912.
17 *Sydney Mail*, 3 January 1912.
18 H. Zimmermann, S. Bloem and H. Klein, *Biology, History, Threat, Surveillance and Control of the Cactus Moth, Cactoblastis cactorum* (Vienna, 2004), pp. 17-18.
19 S. Raghu and Craig Walton, 'Understanding the Ghost of *Cactoblastis* Past: Historical Clarifications on a Poster Child of Classical Biological Control', *BioScience* (2007), pp. 699-705.
20 Zimmermann, Bloem and Klein, *Biology, History, Threat*, p. 21.
21 'Patrol Along a Cactus Curtain', *Life*, LII/17 (1962), p. 2.
22 Jana K. Lipman, *Guantanamo: A Working-class History between Empire and Revolution* (Los Angeles, CA, 2008), p. 166.
23 Thornber and Bonker, *Fantastic Clan*, p. 121.
24 Scott Calhoun, *The Gardener's Guide to Cactus: The 100 Best Paddles, Barrels, Columns, and Globes* (Portland, OR, and London, 2012), p. 125.
25 'Cactus Cattle-guards', *Literary Digest*, 31 January 1914, p. 202.

第3章　美しいサボテン，不快なサボテン

1 Edward F. Anderson, *The Cactus Family* (Portland, OR, 2001), p. 46.
2 Richard Aitken, *Botanical Riches: Stories of Botanical Exploration* (Melbourne, 2006), p. 83.
3 Gordon Rowley, *A History of Succulents* (Mill Valley, CA, 1997), p. 297.

4 'Works of Art', *Boston Evening Transcript*, 5 December 1855, p. 1, Amy Ellis, *New Worlds from Old: 19th Century Australian and American Landscapes* (Melbourne, 1998), p. 117より引用.

5 Sergiusz Michalski, *New Objectivity: Painting, Graphic Art and Photography in Weimar Germany, 1919-1933* (London, 2003), p. 165.

6 www.mariscal.com 参照, 2014年10月10日にアクセス.

7 Amy Youngs, *Interactive Media Exhibition*, exh. cat., Experimenta, Melbourne (2002), p. 23.

8 Richard Brautigan, *Dreaming of Babylon: A Private Eye Novel 1942* (New York, 1977), p. 12. [『バビロンを夢見て——私立探偵小説1942年』藤本和子訳/新潮社]

9 Jan Harold Brunvand, *The Baby Train and Other Lusty Urban Legends* (New York, 1993), pp. 278-82. [『赤ちゃん列車が行く——最新モードの都市伝説』行方均訳/新宿書房]

10 Roy Vickery, *A Dictionary of Plant-lore* (Oxford, 1995), p. 437.

11 George Thomson, *Melocactus: Care and Cultivation* (Bologna, 2009), p. 5.

12 David Yetman, *The Great Cacti: Ethnobotany and Biogeography of Columnar Cacti* (Tucson, AZ, 2007), p. 70.

13 Arthur Delbridge, ed., *Aussie Talk: The Macquarie Dictionary of Australian Colloquialisms* (Melbourne, 1984), p. 56.

14 Zane Grey, *The Rainbow Trail* (New York, 1915), p. 68.

15 Zane Grey, *Nevada* (New York, 1928), p. 130.

16 Richard Folkard, *Plant Lore, Legends, and Lyrics* (London, 1892), p. 265.

17 E. W. Northnagel, 'He Captured the Desert's Fragrance', *Desert Magazine*, XIX/12 (1956), pp. 9-11.

18 Dr Seuss, *Hop on Pop* (New York, 1963), pp. 30-31.

19 Vincent Cerutti and Paul Starosta, *Cacti* (Berlin, 1998), p. 8. この製品について明確に言及しているわけではないが, 著者はこのふたつのサボテンの繊維が「枕とマットレスの詰め物」にもっともよく使われたと述べている。

第4章 ほとんど人間——擬人化されたサボテン

1 Paul Wells, *Basics Animation: Scriptwriting* (Lausanne, 2007), pp. 26-7.

2 Andy Coghlan, 'Why Humans Alone have Pubic Hair', *New Scientist*, 27 February 2009, www.newscientist.com.

3　同上.
4　Leo W. Banks, *All About Saguaros: Facts, Lore, Photos* (Phoenix, AZ, 2008), p. 19.
5　Reg Manning, *What Kinda Cactus Izzat?* (Phoenix, AZ, 1941), p. 29.
6　A brief paraphrase of the historic legend that is published in Banks, *All About Saguaros*, pp. 89-92.
7　David Yetman, 'The Cactus Metaphor', in *A Companion to Mexican History and Culture*, ed. William H. Beezley (Oxford, 2011), p. 135.
8　*Illustrated London News*, 17 October 1846, p. 245.
9　*Punch*, 25 March 1931, p. 327.
10　Barbara Larson, 'Evolution and Degeneration in the Early Work of Odilon Redon', *Nineteenth-century Art Worldwide*, II/2 (2003), www.19thc-artworldwide.org.
11　Michael Facos, *Symbolist Art in Context* (Berkeley, CA, 2009), p. 31.
12　Jay P. Telotte, *The Mouse Machine: Disney and Technology* (Urbana, IL, 2008), pp. 77-8. [『ディズニーを支えた技術』堀千恵子訳／日経 BP]
13　Banks, *All About Saguaros*, p. 85より引用.
14　'The Green Horror', *Fantastic Fears*, I/8 (1954).
15　'The Monster in Hyde Park', *The Wizard*, 1,384 (1952), p. 136.
16　*West Coast Avengers*, II/17 (1987), p. 13.
17　*Doctor Who: Meglos*, DVD (2011).
18　Brendan O'Neill, 'Spike the ASA, not the Cactus Kid', *The Guardian*, 9 October 2008, www.theguardian.com.
19　www.tokidoki.it/cactus, 7 July 2014 参照.

第5章　サボテンを食べる

1　'The Cactus Eaters', *Harper's Weekly*, 16 November 1867, p. 733.
2　David Yetman, *The Great Cacti: Ethnobotany and Biogeography of Columnar Cacti* (Tucson, AZ, 2007), p. 66.
3　Ran Knishinsky, *Prickly Pear Cactus Medicine: Treatments for Diabetes, Cholesterol, and the Immune System* (Rochester, NY, 2004), p. 25.
4　Park S. Nobel, *Desert Wisdom: Agaves and Cacti: CO_2, Water, Climate Change* (New York, 2010), p. 25.
5　William F. Anderson, *The Cactus Family* (Portland, OR, 2001), p. 54.

6 Nobel, *Desert Wisdom*, p. 13.

7 Paolo Inglese, Filadelfio Basile and Mario Schirra, 'Cactus Pear Fruit Production', in *Cacti: Biology and Uses*, ed. Park S. Nobel (Berkeley, CA, 2002), p. 172.

8 Nobel, *Desert Wisdom*, p. 14.

9 同上.

10 Anderson, *Cactus Family*, p. 53.

11 www.tamborinedragonfruitfarm.com.au 参照，2014年11月3日にアクセス.

12 Anderson, *Cactus Family*, p. 51.

13 同上 p. 56.

14 Knishinsky, *Prickly Pear Cactus Medicine*, p. 27.

15 Anderson, *Cactus Family*, p. 56.

16 同上 p. 58.

17 Carmen Saenz-Hernandez, Joel Corrales-Garcia and Gildardo Aquino-Perez, 'Nopalitos, Mucilage, Fiber, and Cochineal', in *Cacti: Biology and Uses*, ed. Nobel, pp. 217, 219.

18 Knishinsky, *Prickly Pear Cactus Medicine*, p. 21.

19 同上.

20 Anderson, *Cactus Family*, p. 56.

21 同上 p. 59.

22 同上 p. 57.

23 Nicolas de Castro Campos Pinto and Elita Scio, 'The Biological Activities and Chemical Composition of *Pereskia* Species (Cactaceae): A Review', *Plant Foods for Human Nutrition*, 69 (2014), p. 193.

24 Anderson, *Cactus Family*, p. 61.

25 Barbara A. Somervill, *Great Empires of the Past: Empire of the Aztecs* (New York, 2010), p. 129.

26 Scott E. Haselton, *Cacti for the Amateur* (London, 1940), p. 17.

27 *The Sultan Drug Co.* (St Louis, MO, 1892), p. 206.

28 Anderson, *Cactus Family*, p. 47.

29 同上 p. 44.

30 同上 p. 45.

31 同上 p. 44.

32 同上 p. 46.

33 同上 p. 47.

34 www.gardenfreedom.com/the-proposed-legislation 参照 , 2011年3月4日にアクセス.

35 Ali Nefzaoui and Hichem Ben Salem, 'Forage, Fodder, and Animal Nutrition', in *Cacti: Biology and Uses*, ed. Nobel, p. 207.

36 Nobel, *Desert Wisdom*, p. 19.

37 Nefzaoui and Ben Salem, 'Forage, Fodder, and Animal Nutrition', p. 200.

第6章　サボテンを変える

1 William F. Anderson, *The Cactus Family* (Portland, OR, 2001), p. 95.

2 *Luther Burbank's Spineless Cactus* (San Francisco, CA, 1912), p. 3.

3 Gordon Rowley, *A History of Succulents* (Mill Valley, CA, 1997), p. 160.

4 *Luther Burbank's Spineless Cactus* (San Francisco, CA, 1913), p. 26.

5 Aikichi Kobayashi, 'Cacti and Succulents in Japan. Part 3: Some Cultivars of Astrophytum Asterias and Astrophytum Myriostigma', *Cactus and Succulent Journal*, LXVIII/5 (1996), p. 245.

6 Tim Harvey, 'Succulent Cultivars and Hybrids: An Introduction', *Cactus and Succulent Journal*, LXXXVI/5 (2014), pp. 180-93.

7 Gordon Rowley, *Teratopia: The World of Cristate and Variegated Succulents* (Bologna, 2006), p. 146.

8 Aikichi Kobayashi, 'Cacti and Succulents in Japan. Part 2: Hibotan and Hibotan-Nishiki, Past and Present', *Cactus and Succulent Journal*, LXVIII/I (1996), p. 21.

9 Rowley, *Teratopia*, p. 97.

10 Danny Schuster, *The World of Cacti: How to Select from and Care for Over 1,000 Species* (New York, 1991), p. 47.

11 Rowley, *Teratopia*, p. 99.

12 Harvey, 'Succulent Cultivars and Hybrids', p. 181.

13 Edward V. Bloom, *Collectors' Cacti* (London, 1960), p. 34.

14 Rowley, *Teratopia*, p. 150.

15 David Yetman and Thomas R. Van Devender, *Maya Ethnobotany: Land, History and Traditional Knowledge in Northwest Mexico* (Berkeley, CA, 2002), p. 83.

16 Traude Gomez Rhine, 'A Clean Start: Propagating Rare Plants in the Huntington's Tissue Culture Lab', *Huntington Frontiers* (Autumn/Winter 2009), p. 23.

17 Philip W. Clayton et al., 'Micropropagation of Members of the Cactaceae Sub-

tribe Cactinae', *Journal of the American Society for Horticultural Science*, CXV/2 (1990), p. 337.

18 www.thecactusproject.com 参照 ,2014年7月12日にアクセス.

19 Paul Lewis, 'The Edge Effect: Art, Science, and Ecology in a Deleuzian Century', in *An (Un) Likely Alliance: Thinking Environment (s) with Deleuze/Guattari*, ed. Bernd Herzogenrath (Newcastle, 2008), p. 285.

第7章　サボテンを守る

1 Rudolf Subik, *Decorative Cacti: A Guide to Succulent House Plants*, trans. Olga Kuthanova (London, 1971), pp. 6-7.

2 Claudia Chan-Shaw, *Collectomania: From Objects of Desire to Magnificent Obsession* (Sydney, 2012), p. 3.

3 同上 p. 4.

4 Ed Maddox, *Hunting Cactus in Texas* (Texas, 1984), p. 40.

5 同上 p. 89.

6 Gerhard Gröner and Erich Götz, *Beautiful Cacti: A Basic Grower's Guide*, trans. Elisabeth E. Reinersmann (New York, 1992), p. 31.

7 同上 p. 33.

8 'Chapter 10: Native Plants', in City of Scottsdale, *Design Standards & Policies Manual* (Scottsdale, AZ, 2010), p. 7.

9 Gröner and Götz, *Beautiful Cacti*, p. 56.

10 同上 p. 57.

11 Maddox, *Hunting Cactus in Texas*, p. 88.

12 Larry Mitich, 'The World of A. Blanc', *Cactus and Succulent Journal*, XLV/4 (1973), pp. 158-70.

13 Albert Blanc, *Illustrated Catalogue of Rare Cacti* (Philadelphia, PA, 1892), p. 1.

14 同上 p. 16より引用.

15 Lyon & Cobbe, *Wholesale Price List of Cacti, Agaves and Other Succulents* (Los Angeles, CA, 1894), p. 1.

16 Sara Oldfield, ed., *Cactus and Succulent Plants: Status Survey and Conservation Action Plan* (Cambridge, 1997), p. 20.

17 David Yetman, *The Organ Pipe Cactus* (Tucson, AZ, 2006), p. 55.

18 同上 p. 56.

19 Thomas H. Boyle and Edward F. Anderson, 'Biodiversity and Conservation', in

Cacti: Biology and Uses, ed. Park S. Nobel (Berkeley, CA, 2002), p. 131.

20 Oldfield, *Cactus and Succulent Plants*, p. 31.

21 David Hunt, ed., *CITES Cactaceae Checklist*, 2nd edn (London, 1999), p. 14.

22 Edward F. Anderson, *The Cactus Family* (Portland, OR, 2001), p. 80.

23 Del Weniger, *Cacti of the Southwest: Texas, New Mexico, Oklahoma, Arkansas, and Louisiana* (Austin, TX, 1970), p. 151.

24 Anderson, *Cactus Family*, p. 79.

25 Jim Burnett, 'Saguaro National Park Using New Technology to Deter Cactus Rustlers', March 2012, www.nationalparkstraveler.com.

26 Rose Houk, *Wild Cacti* (New York, 1996), p. 108.

27 Anderson, *Cactus Family*, p. 82.

28 Attila Kapitany, communication with the author, 2 June 2015.

29 同上.

30 R. Ginns, *Cacti and Other Succulents* (London, 1963), p. 62.

31 Joe and Patsy Frannea, 'Saving Cactus, a Priority for TCSS', *Desert Breeze: Newsletter of the Tucson Cactus and Succulent Society* (January 2012).

32 John James Thornber and Frances Bonker, *The Fantastic Clan: The Cactus Family* (New York, 1932), p. vii.

ダン・トーレ（Dan Torre）
オーストラリアのロイヤルメルボルン工科大学メディアコミュニケーション学部上級講師。アニメーション，メディア，大衆文化などを幅広く研究する。サボテンの熱心な栽培家，コレクターでもある。著書に『*Carnivorous Plants*（食虫植物）』，『*Animation - process, cognition and actuality*（アニメーション－プロセス，認知と現実性）』ほかがある。

大山晶（おおやま・あきら）
1961年生まれ。大阪外国語大学外国語学部ロシア語科卒業。翻訳家。おもな訳書に「食」の図書館シリーズの『バナナの歴史』『ハチミツの歴史』『ウオッカの歴史』，『産業革命歴史図鑑——100の発明と技術革新』（以上，原書房），『ナチスの戦争1918-1949』『ナチの妻たち——第三帝国のファーストレディー』（以上，中央公論新社）などがある。

花《はな》と木《き》の図書館《としよかん》

サボテンの文化誌《ぶんかし》

●

2021年8月25日　第1刷

著者……………ダン・トーレ
訳者……………大山《おおやま》　晶《あきら》
装幀……………和田悠里
発行者……………成瀬雅人
発行所……………株式会社原書房

〒160-0022 東京都新宿区新宿1-25-13
電話・代表03(3354)0685
振替・00150-6-151594
http://www.harashobo.co.jp

印刷……………新灯印刷株式会社
製本……………東京美術紙工協業組合

ISBN 978-4-562-05924-9, Printed in Japan

チューリップの文化誌 《花と木の図書館》

シーリア・フィッシャー著　駒木令訳

遠い昔、中央アジアの山々でひっそりと咲いていたチューリップ。インド、中東を経てヨーロッパに伝わり、世界中で愛されるに至った波瀾万丈の歴史。政治、経済、芸術との関係や最新チューリップ事情も。　２３００円

菊の文化誌 《花と木の図書館》

トゥイグス・ウェイ著　春田純子訳

古代中国から現代まで、生と死を象徴する高貴な花、菊の知られざる歴史。菊をヨーロッパに運んだプラントハンターたちの秘話、浮世絵や印象派の絵画、菊と戦争、日本の菊文化ほか、菊のすべてに迫る。　２３００円

松の文化誌 《花と木の図書館》

ローラ・メイソン著　田口未和訳

厳しい環境にも耐えて生育する松。日本で長寿の象徴とされるように、松は世界中で、忍耐、知恵、多産等の意味をもつ特別な木だった。木材、食料、薬、接着剤、想像力の源泉……松と人間の豊かな歴史。　２３００円

竹の文化誌 《花と木の図書館》

スザンヌ・ルーカス著　山田美明訳

衣食住、文字の記録、楽器、工芸品…古来人間は竹と暮らし、精神的な意味をも見出してきた。現在、成長が速く環境負荷が小さい優良資源としても注目される。竹と人間が織りなす歴史と可能性を描く文化誌。　２３００円

バラの文化誌 《花と木の図書館》

キャサリン・ホーウッド著　駒木令訳

愛とロマンスを象徴する特別な花、バラ。３５００万年前の化石から現代まで、植物学、宗教、社会、芸術ほかあらゆる面からバラと人間の豊かな歴史をたどる。世界のバラ園、香油、香水等の話題も満載。　２３００円

（価格は税別）

脂肪の歴史《「食」の図書館》

ミシェル・フィリポフ著　服部千佳子訳

絶対に必要だが嫌われ者…脂肪。油、バター、ラードほか、おいしさの要であるだけでなく、豊かさ（同時に「退廃」）の象徴でもある脂肪の驚きの歴史。良い脂肪／悪い脂肪論や代替品の歴史にもふれる。　２２００円

バナナの歴史《「食」の図書館》

ローナ・ピアッティ＝ファーネル著　大山晶訳

誰もが好きなバナナの歴史は、意外にも波瀾万丈。栽培の始まりから神話や聖書との関係、非情なプランテーション経営、「バナナ大虐殺事件」に至るまで、さまざまな視点でたどる。世界のバナナ料理も紹介。　２２００円

サラダの歴史《「食」の図書館》

ジュディス・ウェインラウブ著　田口未和訳

緑の葉野菜に塩味のディップ…古代のシンプルなサラダがヨーロッパから世界に伝わるにつれ、風土や文化に合わせて多彩なレシピを生み出していく。前菜から今ではメイン料理にもなったサラダの驚きの歴史。　２２００円

パスタと麵の歴史《「食」の図書館》

カンタ・シェルク著　龍和子訳

イタリアの伝統的パスタについてはもちろん、悠久の歴史を誇る中国の麵、アメリカのパスタ事情、アジアや中東の麵料理、日本のそば／うどん／即席麵など、世界中のパスタと麵の進化を追う。　２２００円

タマネギとニンニクの歴史《「食」の図書館》

マーサ・ジェイ著　服部千佳子訳

主役ではないが絶対に欠かせず、吸血鬼を撃退し血液と心臓に良い。古代メソポタミアの昔から続く、タマネギやニンニクなどのアリウム属と人間の深い関係を描く。暮らし、交易、医療…意外な逸話を満載。　２２００円

（価格は税別）

ジビエの歴史 《「食」の図書館》

ポーラ・ヤング・リー著　堤理華訳

古代より大切なタンパク質の供給源だった野生動物の肉ジビエ。やがて乱獲を規制する法整備が進み、身近なものではなくなっていく。人類の歴史に寄り添いながらも注目されてこなかったジビエに大きく迫る。　２２００円

牡蠣の歴史 《「食」の図書館》

キャロライン・ティリー著　大間知　知子訳

有史以前から食べられ、二千年以上前から養殖もされてきた牡蠣をめぐって繰り広げられてきた濃厚な歴史。古今東西の牡蠣料理、牡蠣の保護、「世界の牡蠣産業の救世主」日本の牡蠣についてもふれる。　２２００円

ロブスターの歴史 《「食」の図書館》

エリザベス・タウンセンド著　元村まゆ訳

焼く、茹でる、汁物、刺身とさまざまに食べられるロブスター。日常食から贅沢品へと評価が変わり、現在は人道的に息の根を止める方法が議論される。人間の注目度にふりまわされるロブスターの運命を辿る。　２２００円

ウオッカの歴史 《「食」の図書館》

パトリシア・ハーリヒー著　大山晶訳

安価でクセがなく、汎用性が高いウオッカ。ウォッカはどこで誕生し、どのように世界中で愛されるようになったのか。魅力的なボトルデザインや新しい飲み方についても解説しながら、ウォッカの歴史を追う。　２２００円

キャベツと白菜の歴史 《「食」の図書館》

メグ・マッケンハウプト著　角敦子訳

大昔から人々に愛されてきたキャベツと白菜。育てやすくて栄養にもすぐれている反面、貧者の野菜とも言われてきた。キャベツと白菜にまつわる驚きの歴史、さまざまな民族料理、最新事情を紹介する。　２２００円

（価格は税別）